Fernando Azevedo

SEGREDO do braço do violão

Acordes

Posições Base e suas Originadas

Acordes Dissonantes

Nº Cat.: BQ112

Irmãos Vitale Editores Ltda.
vitale.com.br
Rua Raposo Tavares, 85 São Paulo SP
CEP: 04704-110   editora@vitale.com.br   Tel.: 11 5081-9499

© Copyright 2013 by Irmãos Vitale Editores Ltda. - São Paulo - Rio de Janeiro - Brasil.
Todos os direitos autorais reservados para todos os países. *All rights reserved.*

CIP-BRASIL. CATALOGAÇÃO NA FONTE
SINDICATO NACIONAL DOS EDITORES DE LIVROS - RJ.

A987s

Azevedo, Fernando, 1933-1999
  Segredo do braço do violão / Fernando Azevedo. - 1. ed., [reimpr.] - São Paulo : Irmãos Vitale, 2016.
  64 p. : il. ; 22 cm

Inclui índice
Índice dos acordes
ISBN 978-85-7407-396-5

1. Música - Instrução e estudo. 2. Violão - Instrução e ensino. I. Título.

16-30554   CDD: 780.7
                                                                               CDU: 78(07)

19/02/2016   19/02/2016

Prof. Fernando Azevedo

Este é o sétimo trabalho publicado em apenas 3 anos.
É evidente que se tanto conseguiu-se realizar em tão pouco tempo, é porque não estou sozinho nesta caminhada. Posso afirmar que tenho um sem número de cartas que vieram dos mais distantes rincões da nossa pátria, sempre com uma palavra de estímulo e uma demonstração de carinho.
Essa aceitação amiga tem feito com que os trabalhos que escrevo cheguem às cidades brasileiras mais longínquas, alcançando uma boa acolhida entre vocês, professores e alunos bem como a todos aqueles que se dedicam ao sublime labor do estudo violonístico.
Ao iniciar mais este trabalho, quero deixar registrada a minha gratidão a todos vocês, alunos e professores, que seguramente têm sido os verdadeiros alicerces de minha trajetória.
A todos vocês, o meu carinho e o meu reconhecimento.

Fernando Azevedo (★1933 ✝1999)
Janeiro 1961

O Prof. Fernando Azevedo faleceu no Rio de Janeiro em Fevereiro de 1999.

Representação Gráfica

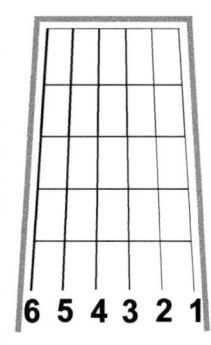

A gravura ao lado, representa o braço do violão. Os traços verticais são as cordas e os horizontais os trastos. Os traços verticais, numerados de 1 a 6, representam as cordas do violão. O traço vertical que aparece na gravura com o número 1, representa a 1ª corda, que é a mais fina de todas (corda Mi). Com o número 2 a segunda corda (Si). Com o número 3, a terceira corda (Sol). Com o número 4 a quarta corda (Ré). Com o número 5, a quinta corda (Lá) e com o número 6, a sexta corda (Mi).

Quando aparecem as indicações "2ª casa", "3ª casa", "4ª casa", etc., é sinal de que a posição deve ser feita a partir da 2ª, 3ª, 4ª, etc. casas do braço do violão, conforme a indicação.

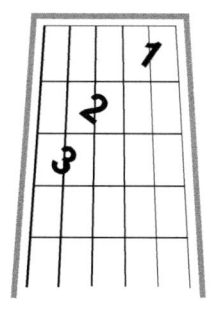

Os números que aparecem no gráfico representam os dedos da mão esquerda que se contam a partir do indicador (dedo 1). O médio é o dedo 2, o anular é o dedo 3 e o mínimo o dedo 4. O dedo polegar não é contado porque a sua função é apenas de apoio atrás do braço do violão. Ele não aperta nenhuma corda.

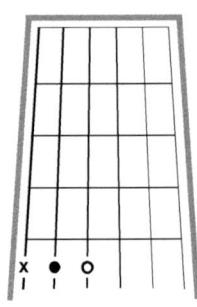

O (**x**) que se vê no gráfico ao lado, determina que a corda sobre a qual está colocado não pode ser tocada. A bolinha preta (●) indica que a corda sobre a qual está colocada, é o baixo obrigatório do acorde indicado. A bolinha branca (○), indica que a corda sobre a qual está colocada é o baixo de revezamento. *(Vide Método de Violão Fernando Azevedo)*

A barra mais grossa que se vê na gravura, indica pestana. Pestana indica que o dedo indicador (dedo 1), está sobre todas as cordas. *(Vide Método de Violão Fernando Azevedo)*

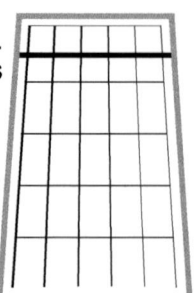

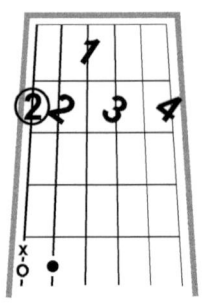

Nesta gravura observa-se que a sexta corda está marcada com um (**x**) (indicando que não poderá ser tocada) e a bolinha branca (○) (indicando baixo de revezamento). Nota-se também o dedo 2 dentro de um círculo. Isso quer dizer que a corda poderá ser tocada e servir de baixo de revezamento, desde que o dedo 2 que estava na quinta corda for colocado na sexta corda.

O exemplo é dado com o dedo 2, mas poderá acontecer o mesmo com qualquer dedo.

> Muitos acordes aparecerão com duas bolinhas brancas, indicando que aquele acorde tem dois baixos de revezamento, ficando à livre escolha usar um ou outro.

1ª Parte

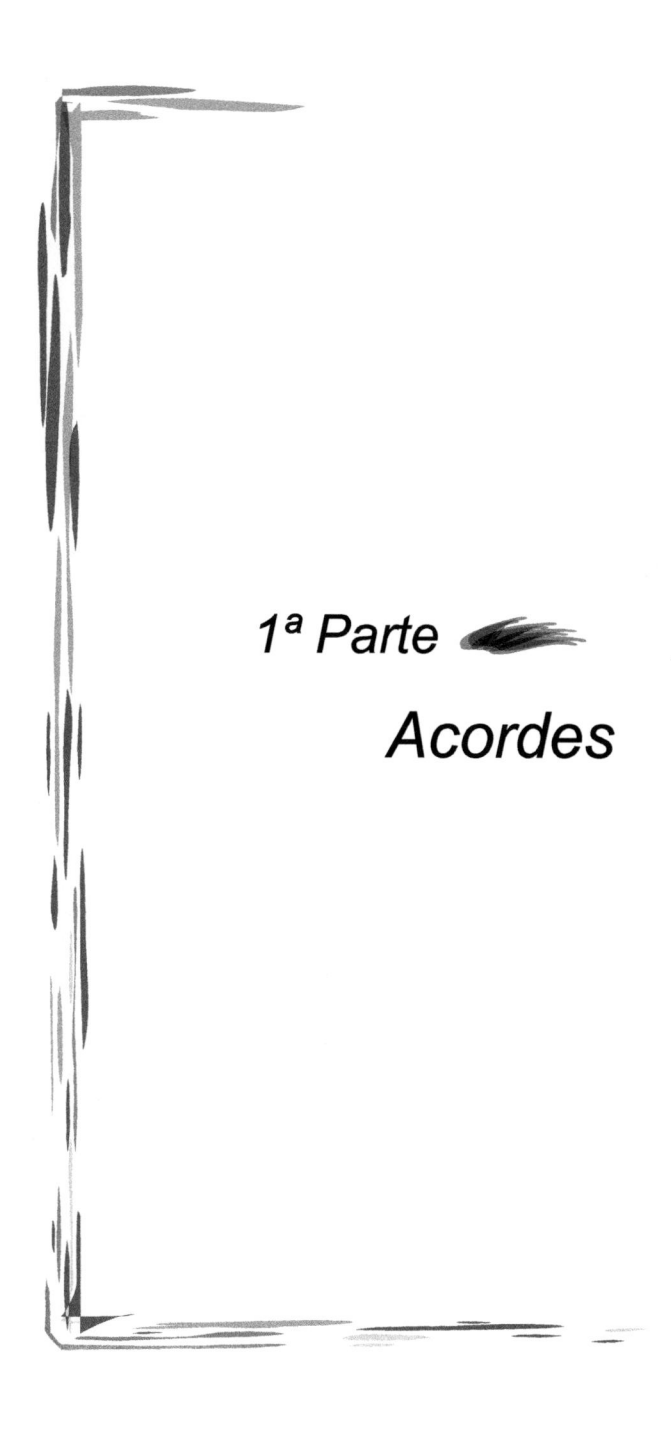

Acordes

Exercitando todos esses acordes e fazê-los com desembaraço dará ao violonista um total domínio do braço do violão e nenhuma barreira se apresentará mais entre ele e o instrumento. Até mesmo aqueles, que não tendo estudado música pretendam solar, estarão aptos a isso. Mesmo sozinhos, com um pouco de pertinácia e o indispensável auxílio do ouvido, conseguirão tocar as músicas de seu gosto, independente de partituras musicais.

O entendimento da segunda parte deste trabalho é de muita importância. Ali, ficam esclarecidas todas as dúvidas quanto à formação dos acordes e mesmo sem auxílio de qualquer método, o próprio violonista poderá fazer um mesmo acorde de todas as formas possíveis.

Talvez muitos se surpreendam de não ser denominada de *"inversão"* a feitura de um mesmo acorde em casas diferentes. O simples fato de se fazer um determinado acorde em mais de uma casa, no braço do violão, não importa obrigatoriamente na substituição dos baixos. Os baixos continuam os mesmos, embora tocados em outras casas. Logo, não há inversão.

Chamaremos de *"esquema"* os desenhos que determinam a altura das casas do braço do violão, onde deverá ser feito o mesmo tom.

Dó Maior *Relativo de Lá Menor*

1º Esquema

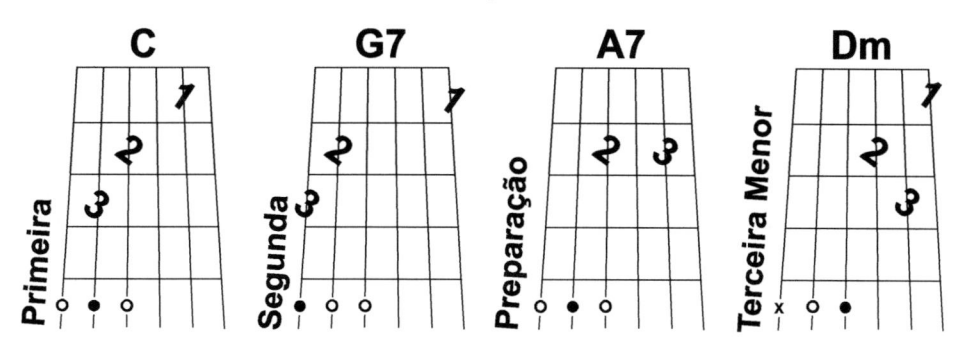

C   G7   A7   Dm

2º Esquema

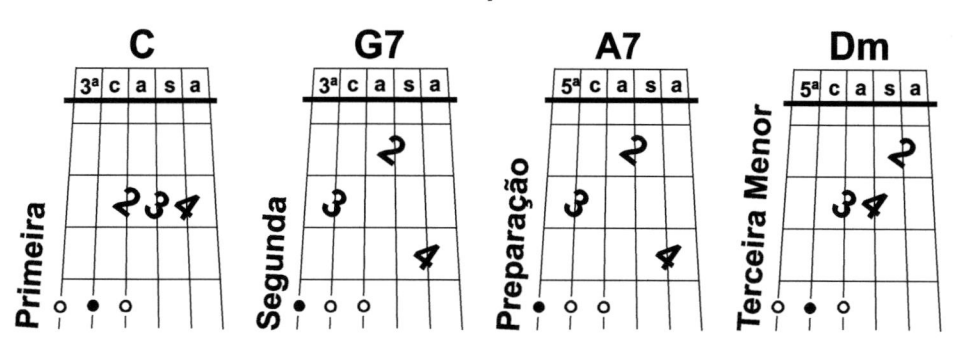

C (3ª casa)   G7 (3ª casa)   A7 (5ª casa)   Dm (5ª casa)

3º Esquema

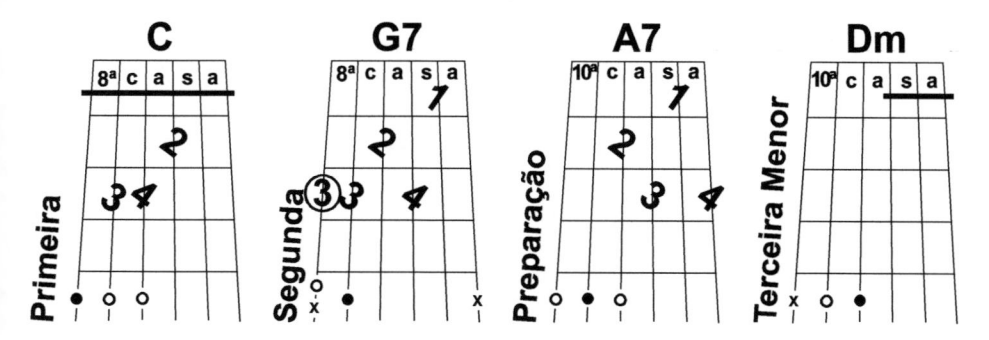

C (8ª casa)   G7 (8ª casa)   A7 (10ª casa)   Dm (10ª casa)

Faça o seguinte exercício, utilizando cada um dos esquemas: **C, G7, C, A7, Dm, G7, C**.

A preparação para a *Terceira Maior* e a *Terceira Maior* se formam, respectivamente, com os acordes **C7** e **F**. (Pág. 31)

Lá Menor
Relativo de Dó Maior

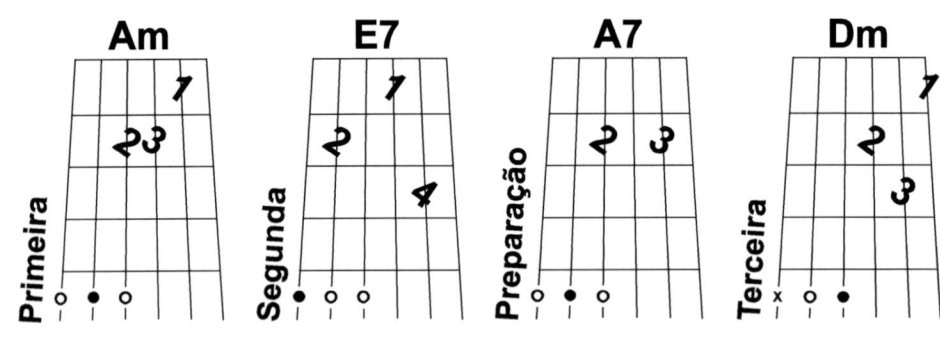

1º Esquema

Am — Primeira
E7 — Segunda
A7 — Preparação
Dm — Terceira

2º Esquema

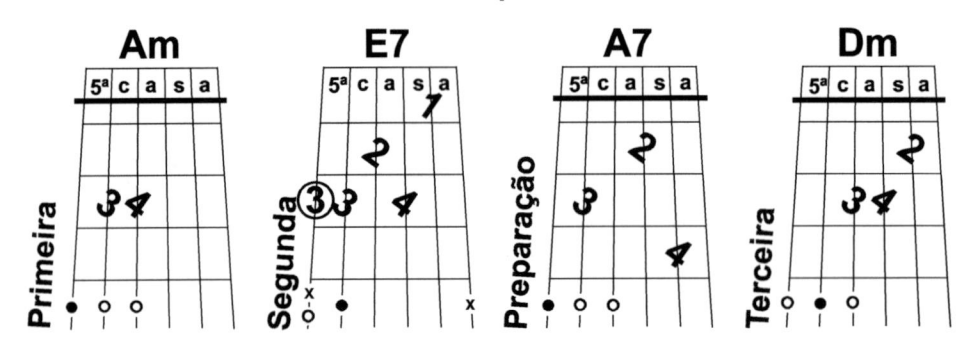

Am (5ª casa) — Primeira
E7 (5ª casa) — Segunda
A7 (5ª casa) — Preparação
Dm (5ª casa) — Terceira

3º Esquema

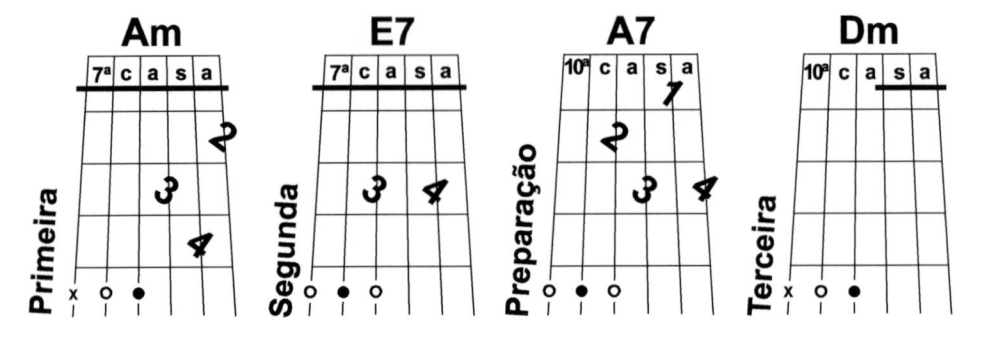

Am (7ª casa) — Primeira
E7 (7ª casa) — Segunda
A7 (10ª casa) — Preparação
Dm (10ª casa) — Terceira

Faça o seguinte exercício, utilizando cada um dos esquemas: **Am, E7, Am, A7, Dm, E7, Am**.

Segredo do Braço do Violão

Sol Maior   *Relativo de Mi Menor*

1º Esquema

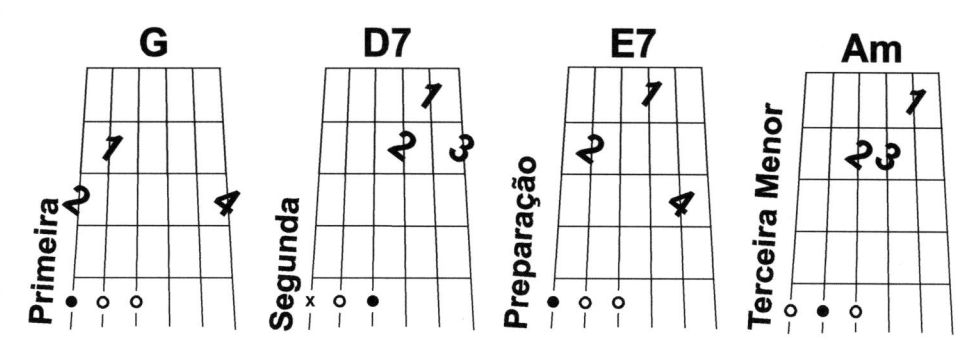

G   D7   E7   Am

2º Esquema

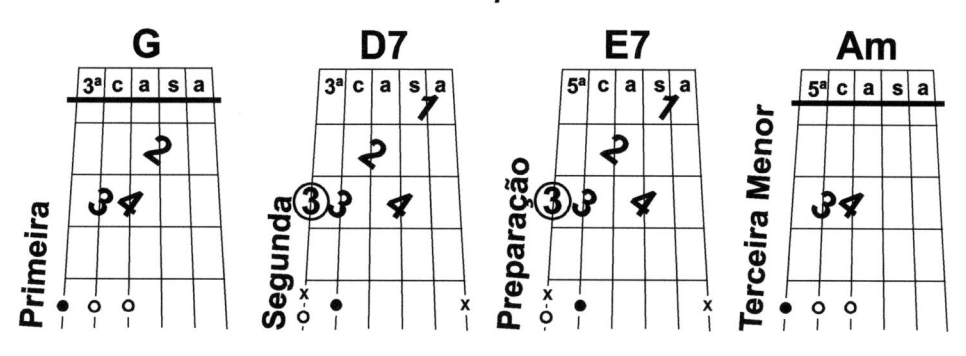

G (3ª casa)   D7 (3ª casa)   E7 (5ª casa)   Am (5ª casa)

3º Esquema

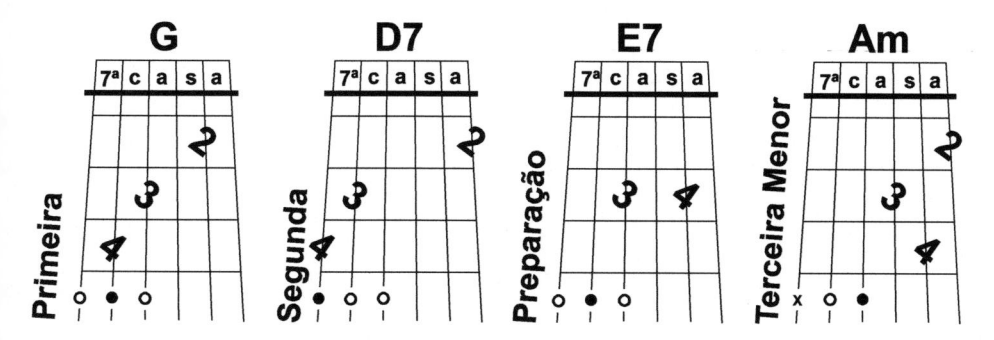

G (7ª casa)   D7 (7ª casa)   E7 (7ª casa)   Am (7ª casa)

Faça o seguinte exercício, utilizando cada um dos esquemas: **G, D7, G, E7, Am, D7, G**.

A preparação para a *Terceira Maior* e a *Terceira Maior* se formam, respectivamente, com os acordes **G7** e **C**. (Pág. 9)

Mi Menor
Relativo de Sol Maior

1º Esquema

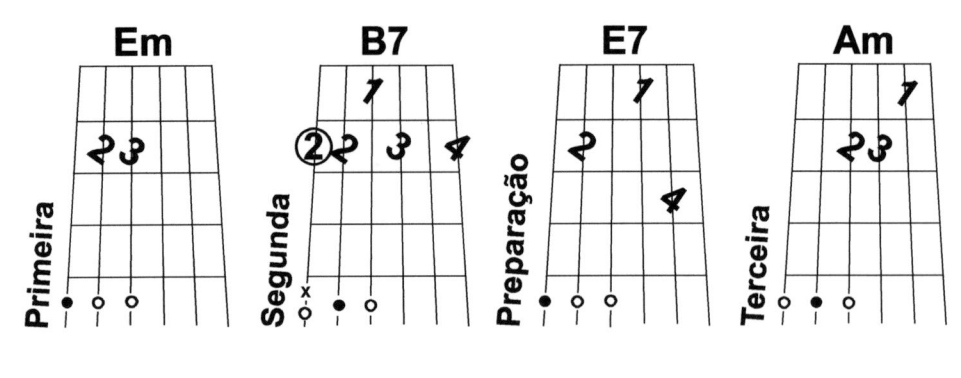

Em — B7 — E7 — Am

2º Esquema

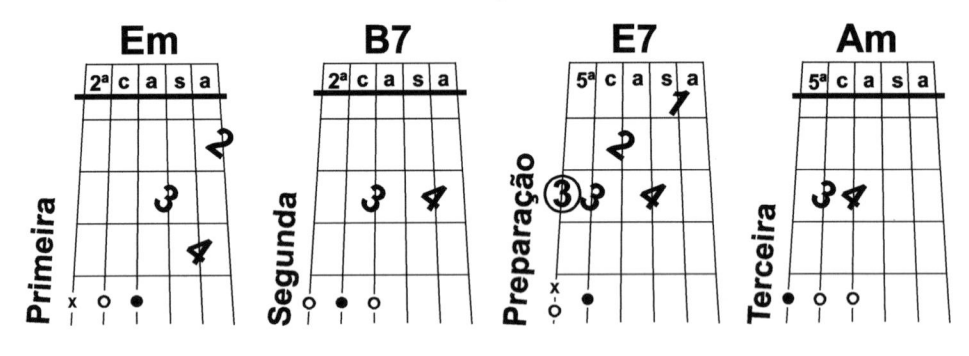

Em (2ª casa) — B7 (2ª casa) — E7 (5ª casa) — Am (5ª casa)

3º Esquema

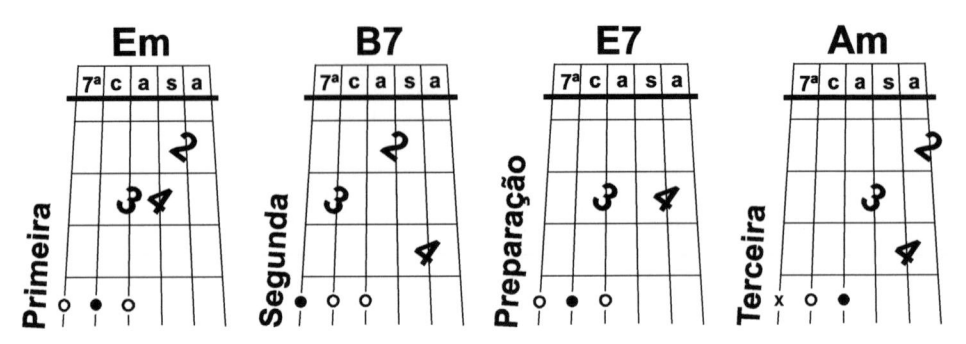

Em (7ª casa) — B7 (7ª casa) — E7 (7ª casa) — Am (7ª casa)

Faça o seguinte exercício, utilizando cada um dos esquemas: **Em, B7, Em, E7, Am, B7, Em**.

Ré Maior

Relativo de Si Menor

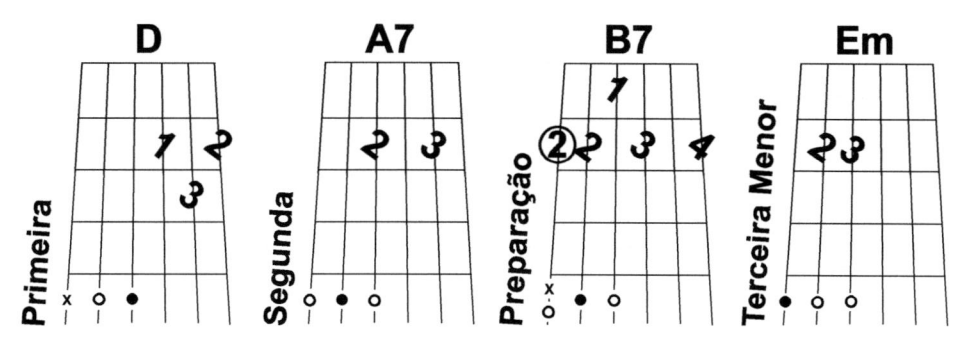

1º Esquema

(Diagramas de acordes: D, A7, B7, Em — Primeira, Segunda, Preparação, Terceira Menor)

2º Esquema

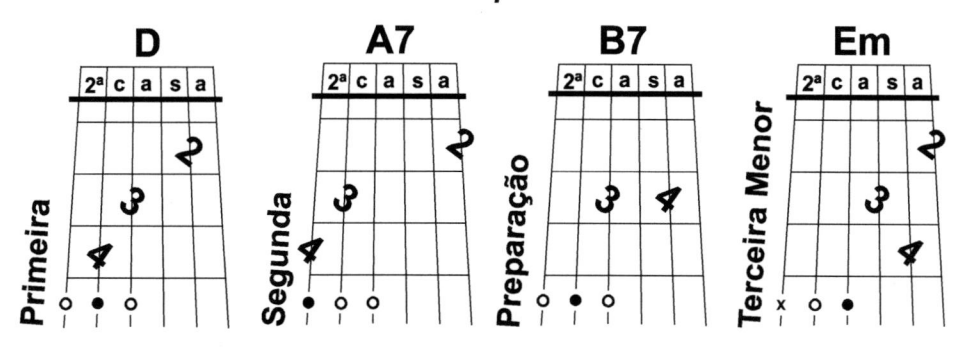

(Diagramas de acordes na 2ª casa: D, A7, B7, Em — Primeira, Segunda, Preparação, Terceira Menor)

3º Esquema

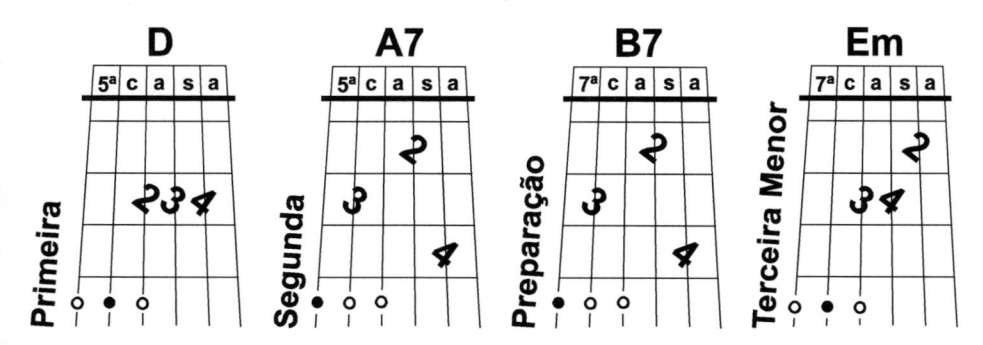

(Diagramas de acordes: D e A7 na 5ª casa, B7 e Em na 7ª casa — Primeira, Segunda, Preparação, Terceira Menor)

Faça o seguinte exercício, utilizando cada um dos esquemas: **D, A7, D, B7, Em, A7, D**.

A preparação para a *Terceira Maior* e a *Terceira Maior* se formam respectivamente, com os acordes **D7** e **G**. (Pág. 11)

Si Menor
Relativo de Ré Maior

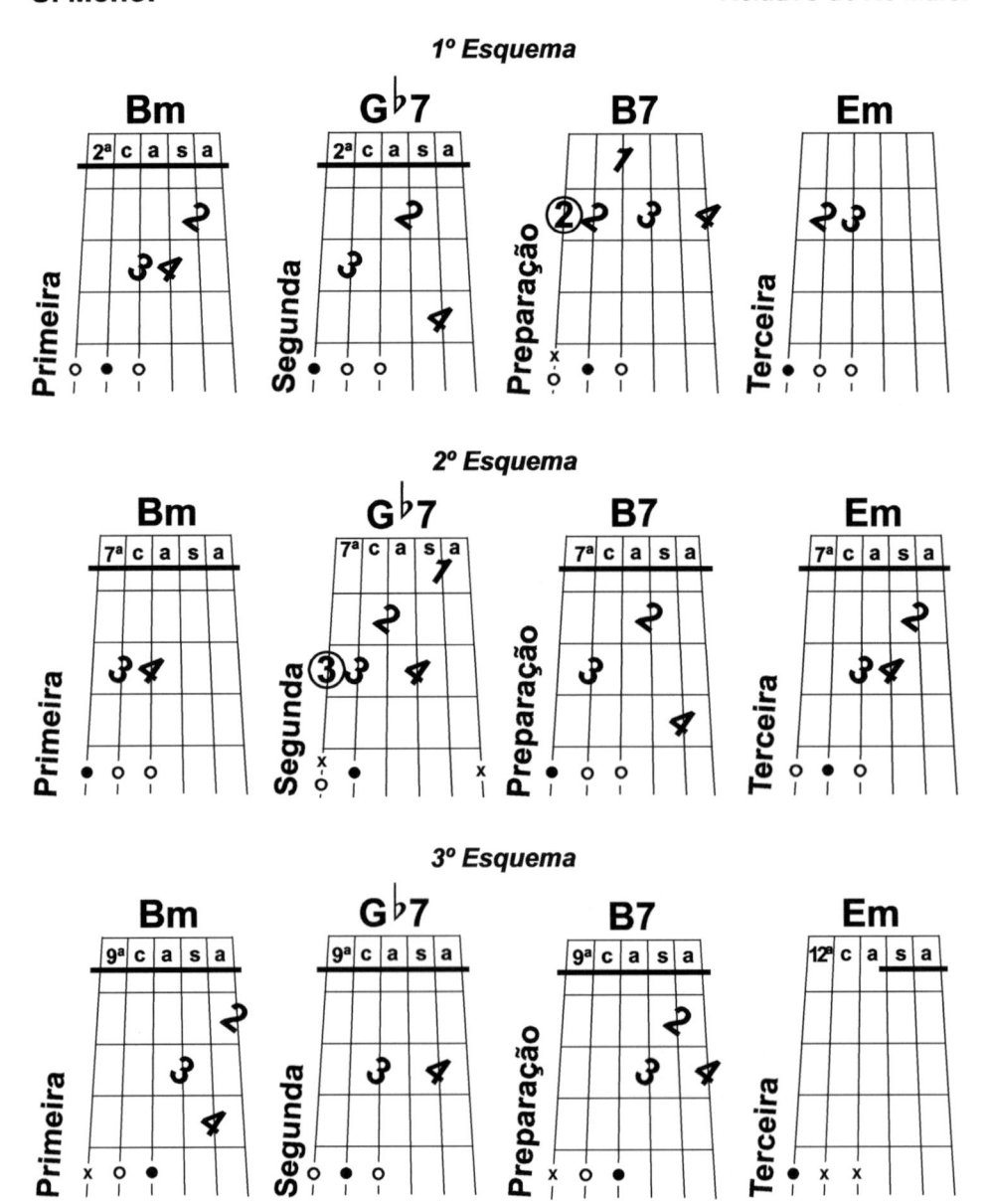

1º Esquema

Bm — 2ª casa
G♭7 — 2ª casa
B7
Em

2º Esquema

Bm — 7ª casa
G♭7 — 7ª casa
B7 — 7ª casa
Em — 7ª casa

3º Esquema

Bm — 9ª casa
G♭7 — 9ª casa
B7 — 9ª casa
Em — 12ª casa

Faça o seguinte exercício, utilizando cada um dos esquemas: **Bm, G♭7, Bm, B7, Em, G♭7, Bm**.

Lá Maior

Relativo de Sol Bemol Menor
(Fá Sustenido Menor)

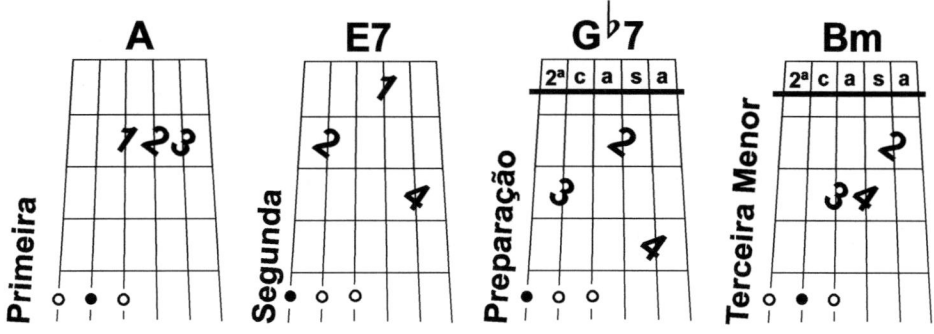

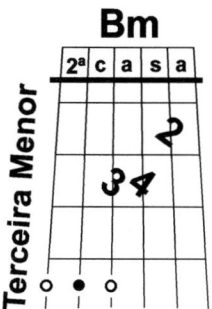

1º Esquema

2º Esquema

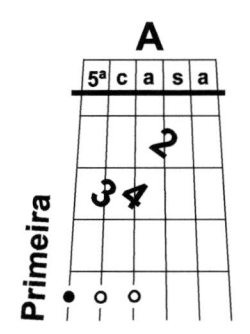

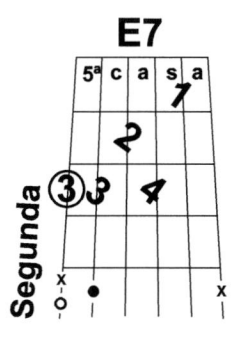

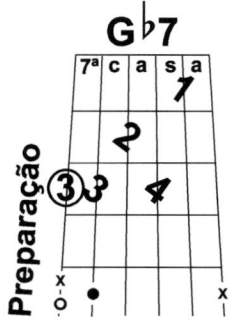

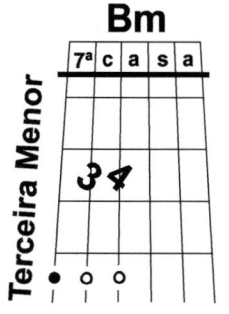

3º Esquema

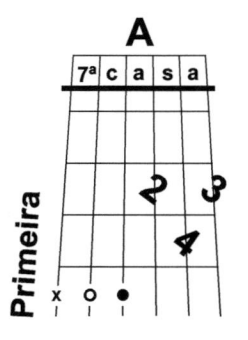

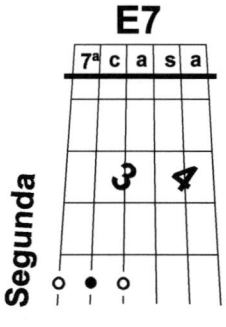

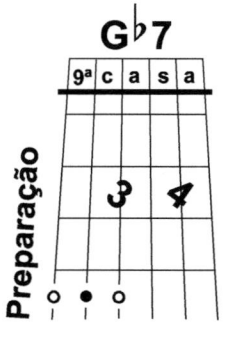

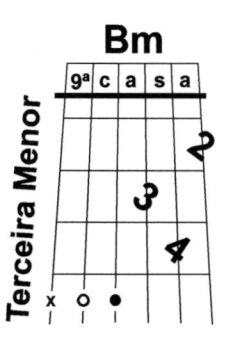

Faça o seguinte exercício, utilizando cada um dos esquemas: **A, E7, A, G♭7, Bm, E7, A**.

A preparação para a *Terceira Maior* e a *Terceira Maior* se formam, respectivamente, com os acordes **A7** e **D**. (Pág. 13)

Sol Bemol Menor
(Fá Sustenido Menor)

Relativo de Lá Maior

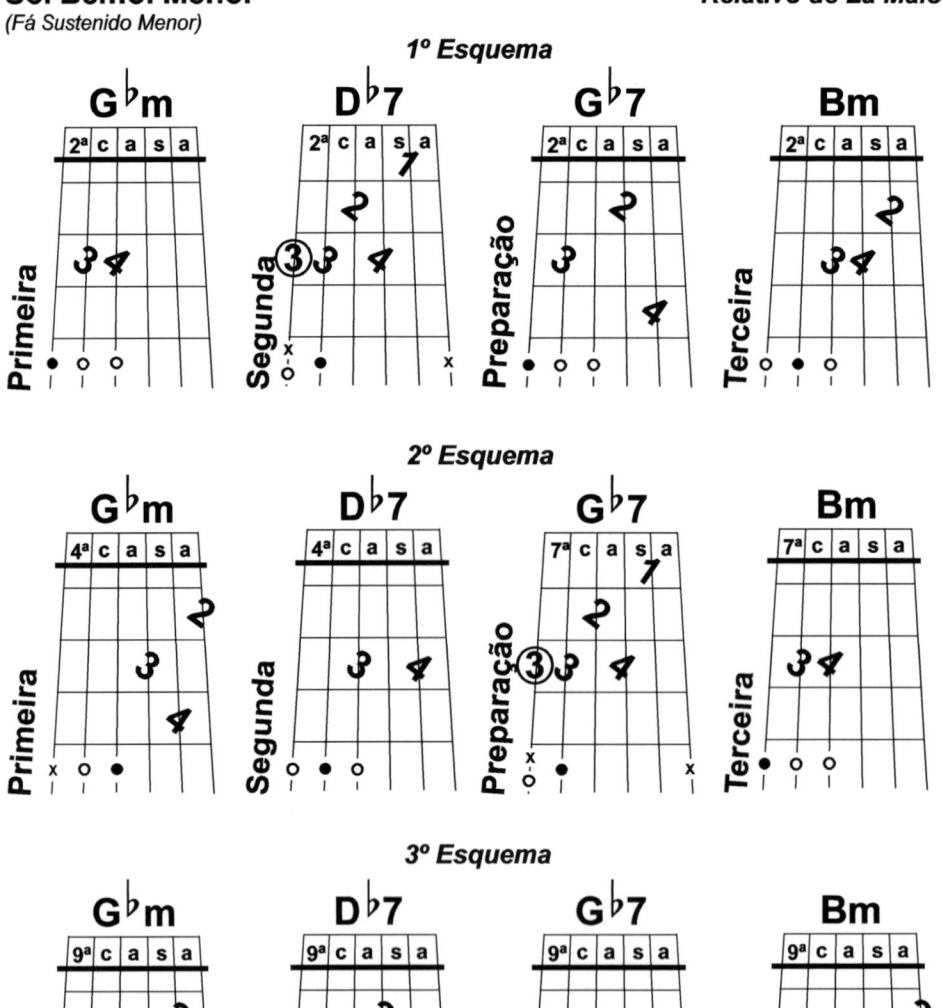

1º Esquema

2º Esquema

3º Esquema

Faça o seguinte exercício, utilizando cada um dos esquemas: G♭m, D♭7, G♭m, G♭7, Bm, D♭7, G♭m.

Mi Maior

Relativo de Ré Bemol Menor
(Dó Sustenido Menor)

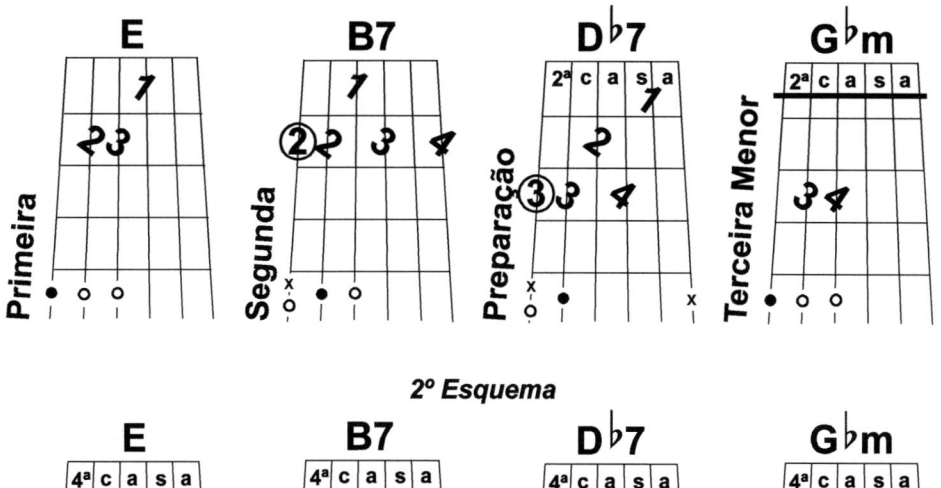

1º Esquema

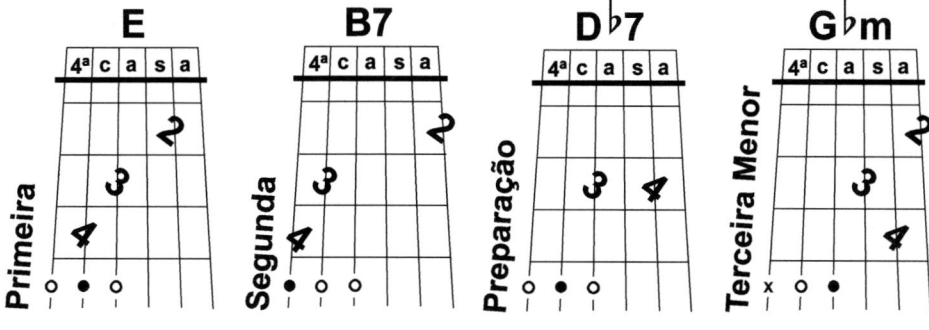

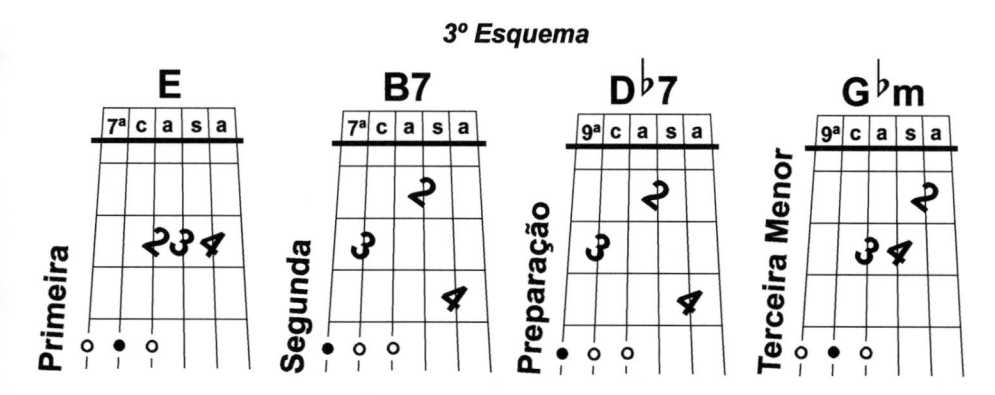

E — Primeira
B7 — Segunda
D♭7 — Preparação
G♭m — Terceira Menor

2º Esquema

E (4ª casa) — Primeira
B7 (4ª casa) — Segunda
D♭7 (4ª casa) — Preparação
G♭m (4ª casa) — Terceira Menor

3º Esquema

E (7ª casa) — Primeira
B7 (7ª casa) — Segunda
D♭7 (9ª casa) — Preparação
G♭m (9ª casa) — Terceira Menor

Faça o seguinte exercício, utilizando cada um dos esquemas: **E, B7, E, D♭7, G♭m, B7, E**.

A preparação para a *Terceira Maior* e a *Terceira Maior* se formam, respectivamente, com os acordes **E7** e **A**. (Pág. 15)

Ré Bemol Menor
(Dó Sustenido Menor)

Relativo de Mi Maior

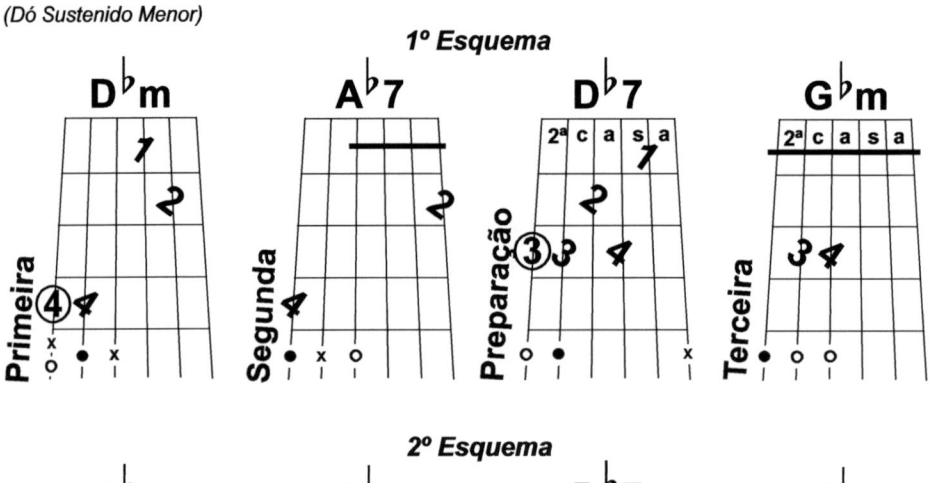

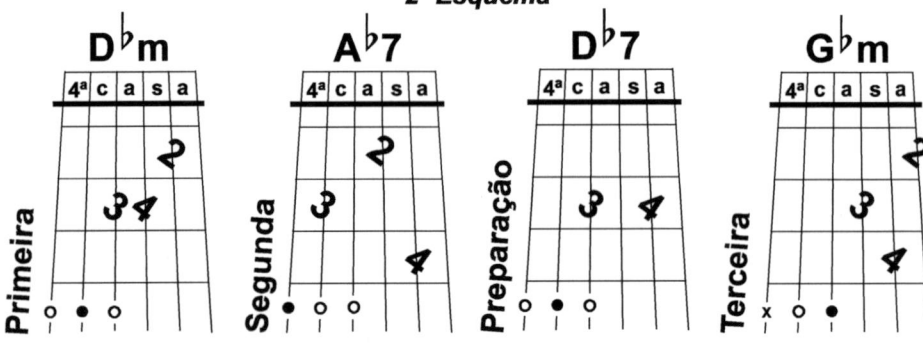

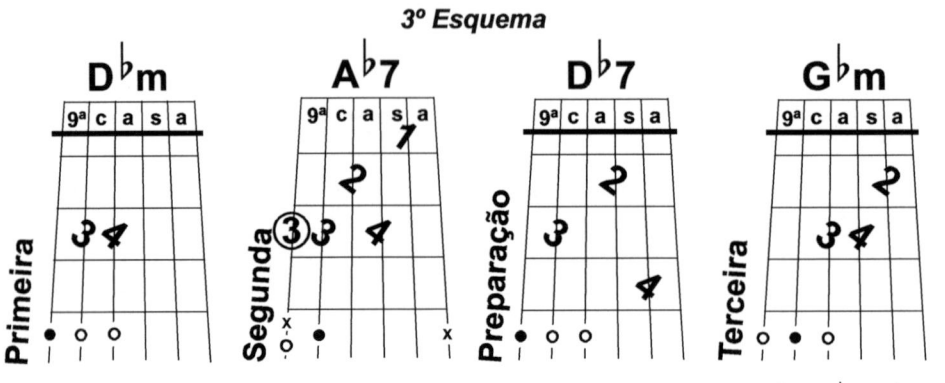

1º Esquema

2º Esquema

3º Esquema

Faça o seguinte exercício, utilizando cada um dos esquemas: D♭m, A♭7, D♭m, D♭7, G♭m, A♭7, D♭m.

Si Maior *Relativo de Lá Bemol Menor*
(Sol Sustenido Menor)

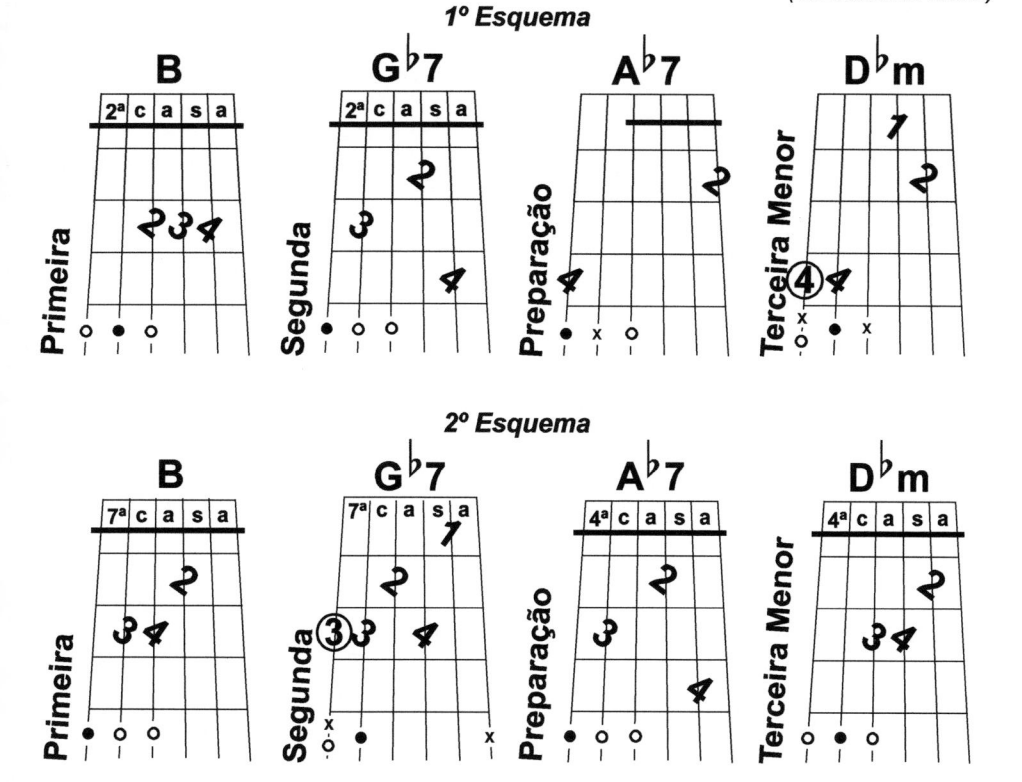

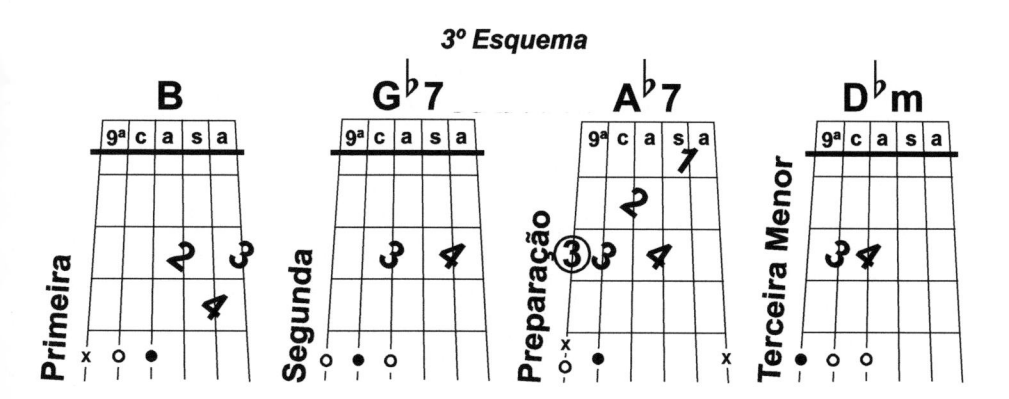

1º Esquema

B — G♭7 — A♭7 — D♭m

2º Esquema

B — G♭7 — A♭7 — D♭m

3º Esquema

B — G♭7 — A♭7 — D♭m

Faça o seguinte exercício, utilizando cada um dos esquemas: **B, G♭7, B, A♭7, D♭m, G♭7, B**.

A preparação para a *Terceira Maior* e a *Terceira Maior* se formam, respectivamente, com os acordes **B7** e **E**. (Pág. 17)

Lá Bemol Menor
(Sol Sustenido Menor)

Relativo de Si Maior

1º Esquema

$A^\flat m$ — $E^\flat 7$ — $A^\flat 7$ — $D^\flat m$

(Primeira — Segunda — Preparação — Terceira)

2º Esquema

$A^\flat m$ — $E^\flat 7$ — $A^\flat 7$ — $D^\flat m$

(Primeira — Segunda — Preparação — Terceira)

3º Esquema

$A^\flat m$ — $E^\flat 7$ — $A^\flat 7$ — $D^\flat m$

(Primeira — Segunda — Preparação — Terceira)

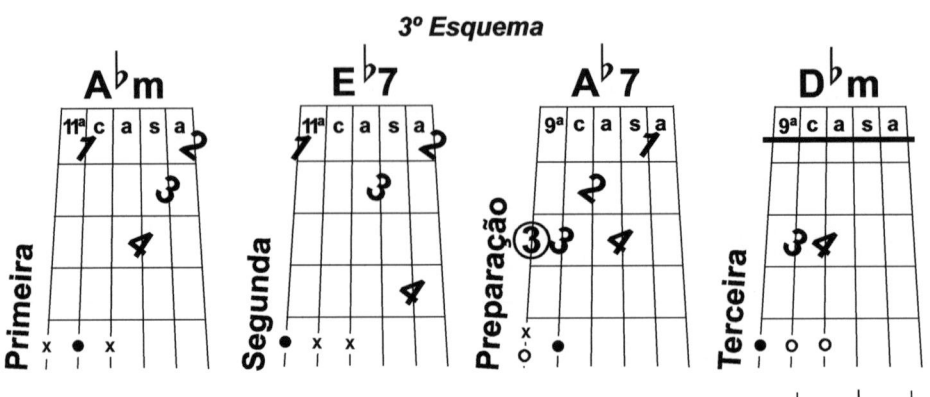

Faça o seguinte exercício, utilizando cada um dos esquemas: $A^\flat m$, $E^\flat 7$, $A^\flat m$, $A^\flat 7$, $D^\flat m$, $E^\flat 7$, $A^\flat m$.

Sol Bemol Maior
(Fá Sustenido Maior)

Relativo de Mi Bemol Menor
(Ré Sustenido Menor)

1º Esquema

[Diagramas: G♭ (2ª casa) – Primeira; D♭7 (2ª casa) – Segunda; E♭7 (4ª casa) – Preparação; A♭m (4ª casa) – Terceira Menor]

2º Esquema

[Diagramas: G♭ (6ª casa) – Primeira; D♭7 (6ª casa) – Segunda; E♭7 (6ª casa) – Preparação; A♭m (6ª casa) – Terceira Menor]

3º Esquema

[Diagramas: G♭ (9ª casa) – Primeira; D♭7 (9ª casa) – Segunda; E♭7 (11ª casa) – Preparação; A♭m (11ª casa) – Terceira Menor]

Faça o seguinte exercício, utilizando cada um dos esquemas: **G♭, D♭7, G♭, E♭7, A♭m, D♭7, G♭**.

A preparação para a *Terceira Maior* e a *Terceira Maior* se formam, respectivamente, com os acordes **G♭7** e **B**. (Pág. 19)

Mi Bemol Menor
(Ré Sustenido Menor)

Relativo de Sol Bemol Maior
(Fá Sustenido Maior)

1º Esquema

2º Esquema

3º Esquema

Faça o seguinte exercício, utilizando cada um dos esquemas: E♭m, B♭7, E♭m, E♭7, A♭m, B♭7, E♭m.

Ré Bemol Maior
(Dó Sustenido Maior)

Relativo de Si Bemol Menor
(Lá Sustenido Menor)

1º Esquema

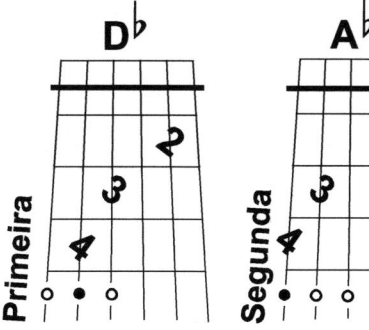

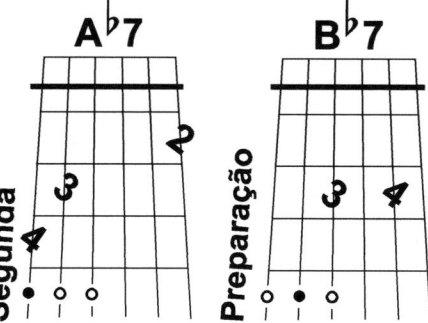

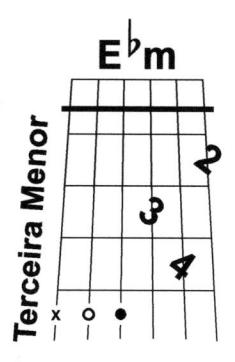

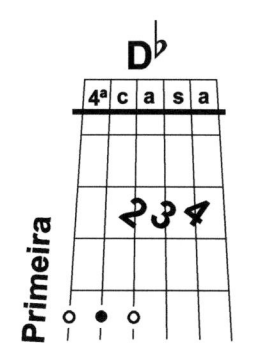

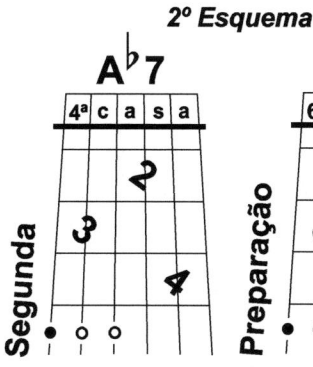

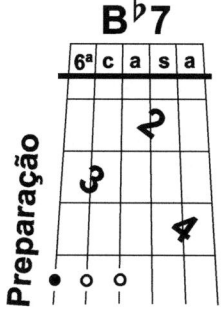

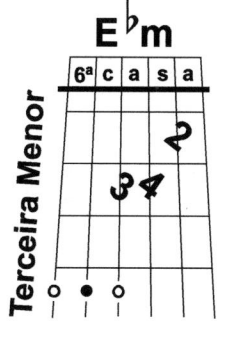

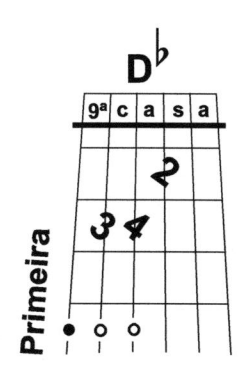

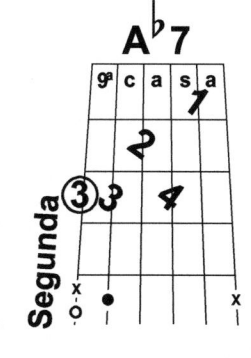

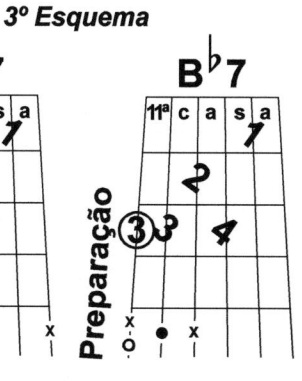

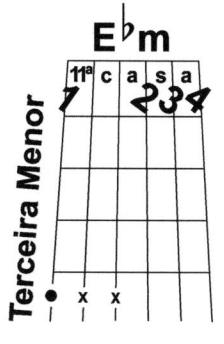

2º Esquema

3º Esquema

Faça o seguinte exercício, utilizando cada um dos esquemas: D♭, A♭7, D♭, B♭7, E♭m, A♭7, D♭.

A preparação para a Terceira Maior e a Terceira Maior se formam, respectivamente, com os acordes D♭7 e G♭. (Pág. 21)

Si Bemol Menor
(Lá Sustenido Menor)

Relativo de Ré Bemol Maior
(Dó Sustenido Maior)

1º Esquema

2º Esquema

3º Esquema

Faça o seguinte exercício, utilizando cada um dos esquemas: B♭m, F7, B♭m, B♭7, E♭m, F7, B♭m.

Lá Bemol Maior
(Sol Sustenido Maior)

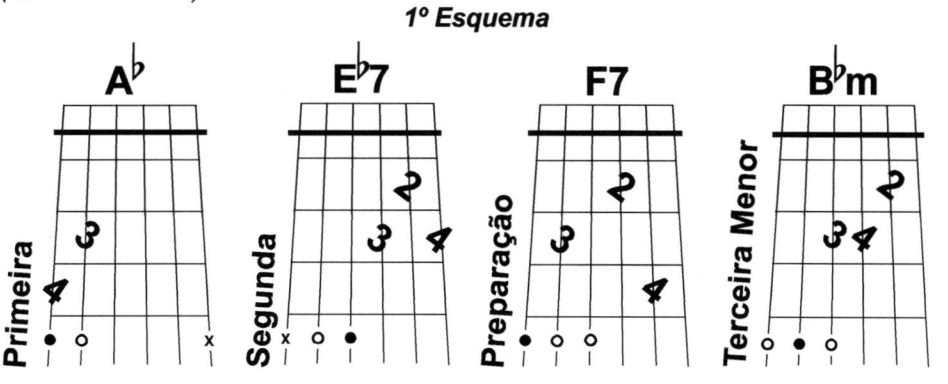

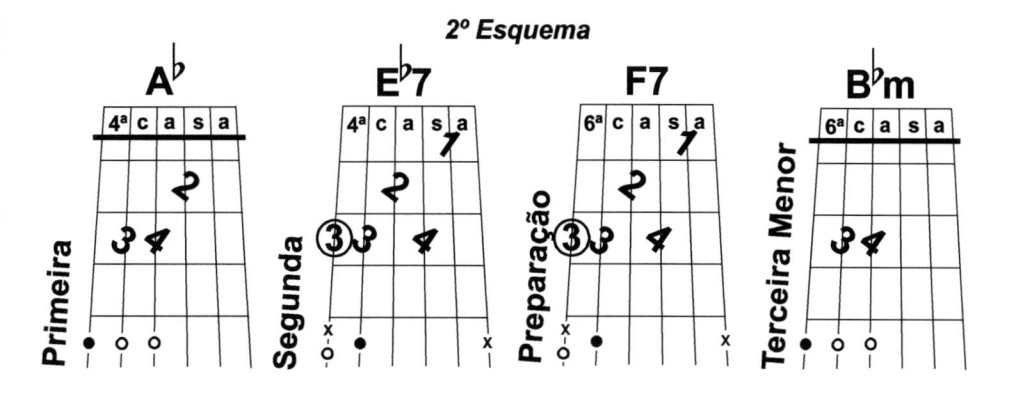

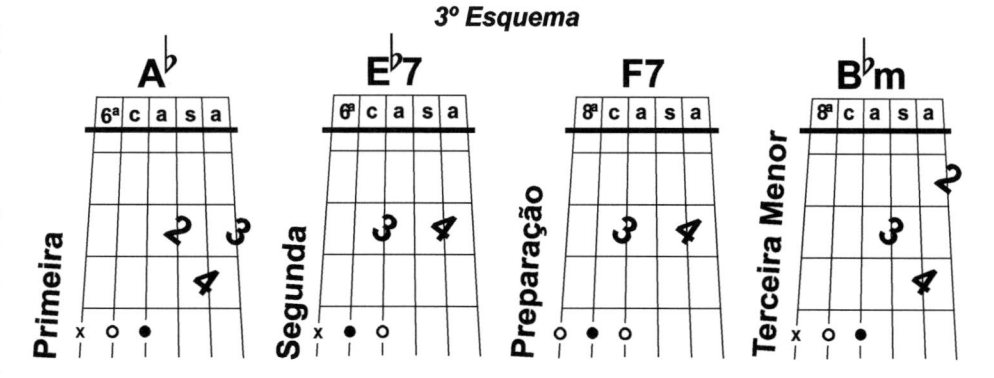

Relativo de Fá Menor

1º Esquema

A♭ — E♭7 — F7 — B♭m

2º Esquema

A♭ (4ª casa) — E♭7 (4ª casa) — F7 (6ª casa) — B♭m (6ª casa)

3º Esquema

A♭ (6ª casa) — E♭7 (6ª casa) — F7 (8ª casa) — B♭m (8ª casa)

Faça o seguinte exercício, utilizando cada um dos esquemas: **A♭, E♭7, A♭, F7, B♭m, E♭7, A♭**.

A preparação para a *Terceira Maior* e a *Terceira Maior* se formam, respectivamente, com os acordes **A♭7** e **D♭**. (Pág. 23)

Fá Menor

Relativo de Lá Bemol Maior
(Sol Sustenido Maior)

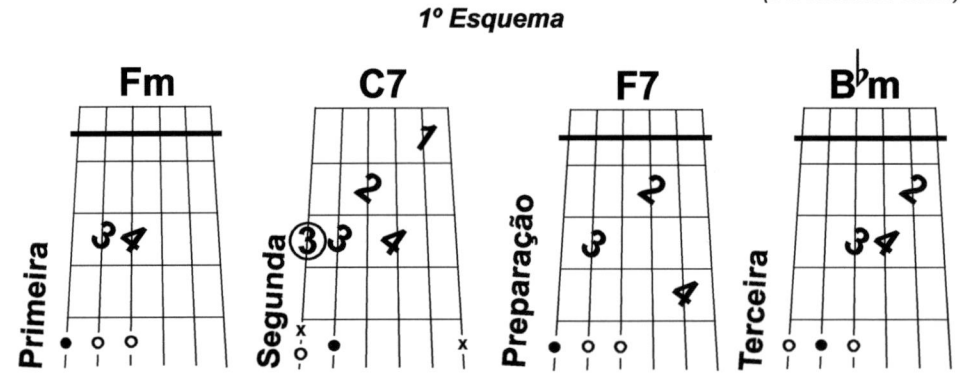

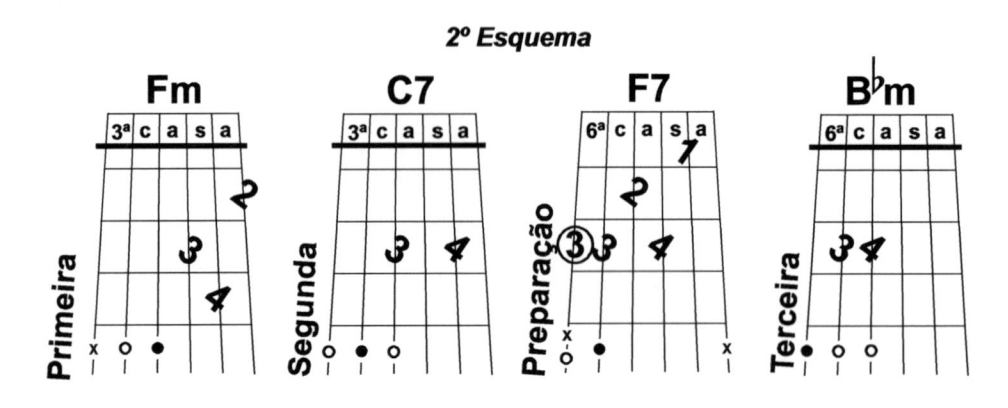

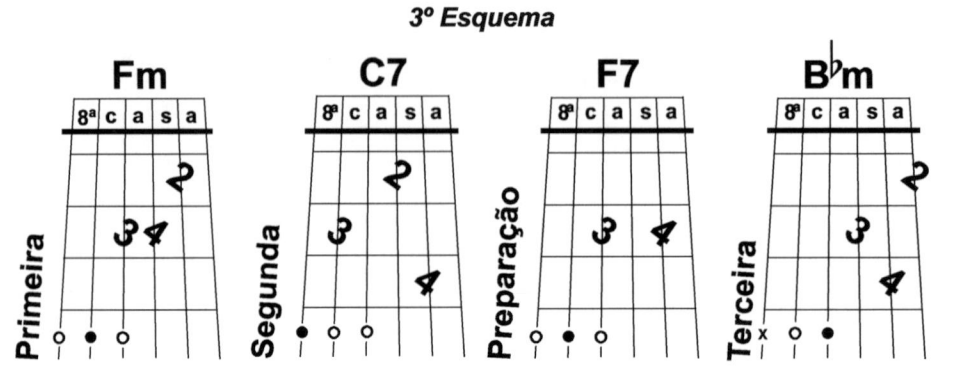

1º Esquema

Fm — Primeira
C7 — Segunda
F7 — Preparação
B♭m — Terceira

2º Esquema

Fm (3ª casa) — Primeira
C7 (3ª casa) — Segunda
F7 (6ª casa) — Preparação
B♭m (6ª casa) — Terceira

3º Esquema

Fm (8ª casa) — Primeira
C7 (8ª casa) — Segunda
F7 (8ª casa) — Preparação
B♭m (8ª casa) — Terceira

Faça o seguinte exercício, utilizando cada um dos esquemas: **Fm, C7, Fm, F7, B♭m, C7, Fm**.

Mi Bemol Maior
(Ré Sustenido Maior)

Relativo de Dó Menor

1° Esquema

E♭ — B♭7 — C7 — Fm

2° Esquema

E♭ (3ª casa) — B♭7 (3ª casa) — C7 (3ª casa) — Fm (3ª casa)

3° Esquema

E♭ (6ª casa) — B♭7 (6ª casa) — C7 (8ª casa) — Fm (8ª casa)

Faça o seguinte exercício, utilizando cada um dos esquemas: **E♭, B♭7, E♭, C7, Fm, B♭7, E♭**.

A preparação para a *Terceira Maior* e a *Terceira Maior* se formam, respectivamente, com os acordes **E♭7** e **A♭**. (Pág. 25)

Dó Menor

Relativo de Mi Bemol Maior
(Ré Sustenido Maior)

1º Esquema

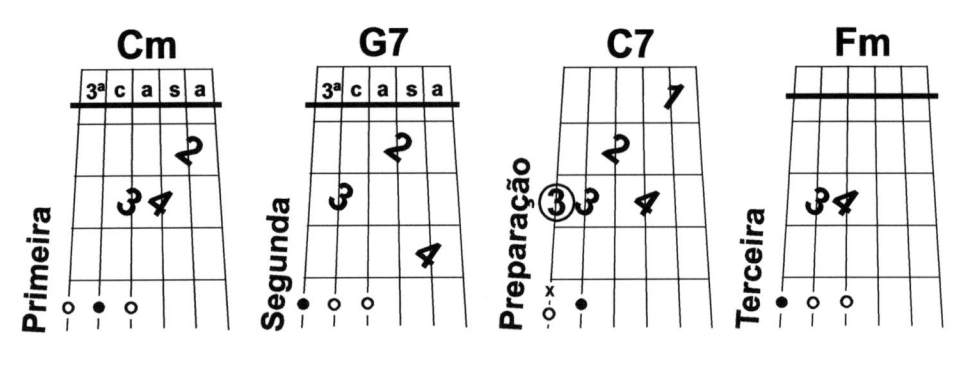

Cm — 3ª casa (Primeira)
G7 — 3ª casa (Segunda)
C7 — (Preparação)
Fm — (Terceira)

2º Esquema

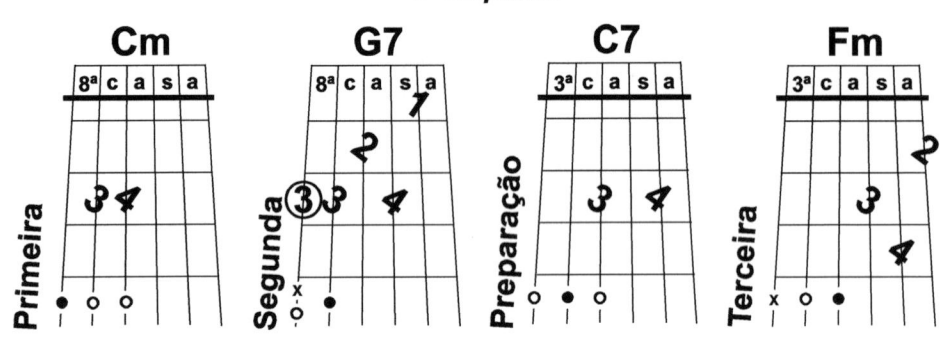

Cm — 8ª casa (Primeira)
G7 — 8ª casa (Segunda)
C7 — 3ª casa (Preparação)
Fm — 3ª casa (Terceira)

3º Esquema

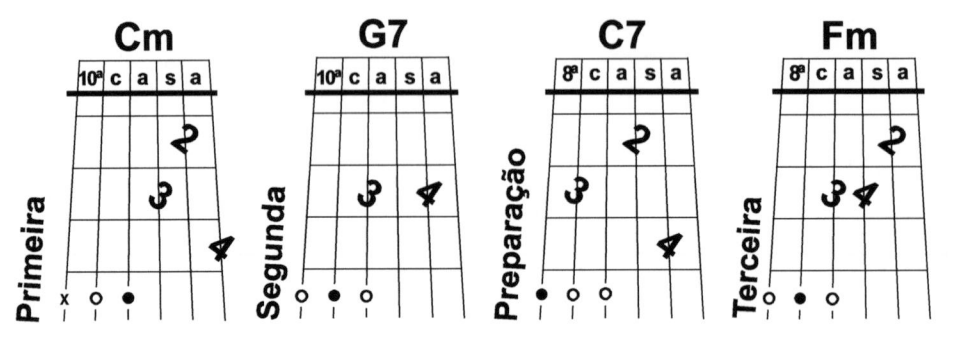

Cm — 10ª casa (Primeira)
G7 — 10ª casa (Segunda)
C7 — 8ª casa (Preparação)
Fm — 8ª casa (Terceira)

Faça o seguinte exercício, utilizando cada um dos esquemas: **Cm, G7, Cm, C7, Fm, G7, Cm**.

Si Bemol Maior
(Lá Sustenido Maior)

Relativo de Sol Menor

1º Esquema

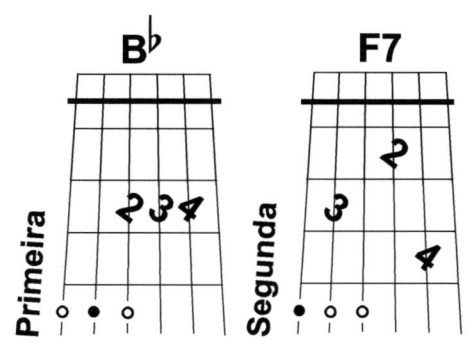

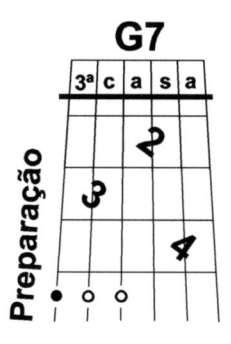

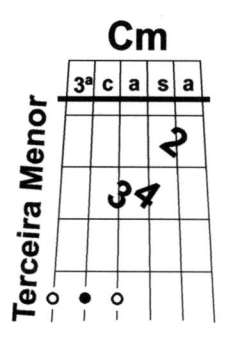

B♭ — F7 — G7 — Cm

2º Esquema

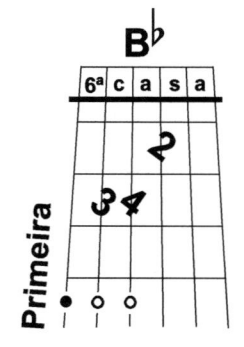

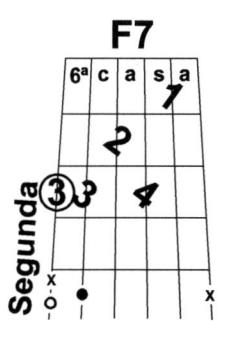

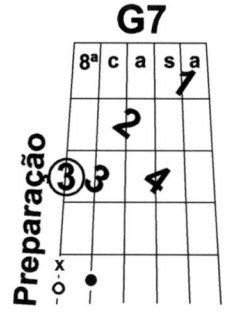

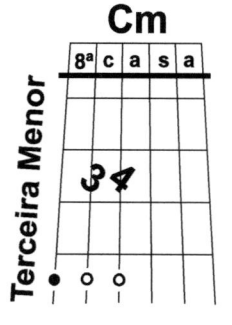

B♭ — F7 — G7 — Cm

3º Esquema

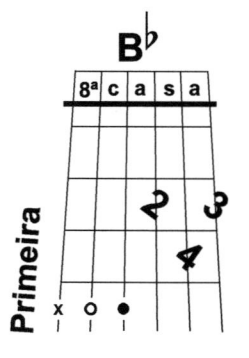

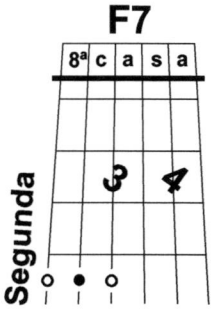

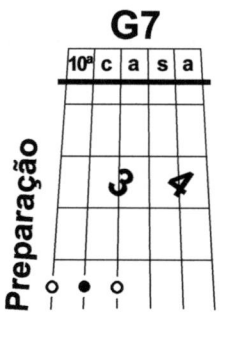

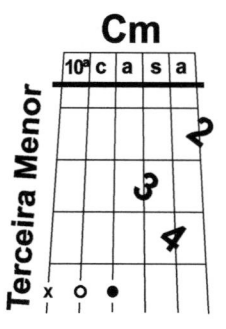

B♭ — F7 — G7 — Cm

Faça o seguinte exercício, utilizando cada um dos esquemas: B♭, F7, B♭, G7, Cm, F7, B♭.

A preparação para a *Terceira Maior* e a *Terceira Maior* se formam, respectivamente, com os acordes B♭7 e E♭. (Pág. 27)

Sol Menor

Relativo de Si Bemol Maior
(Lá Sustenido Maior)

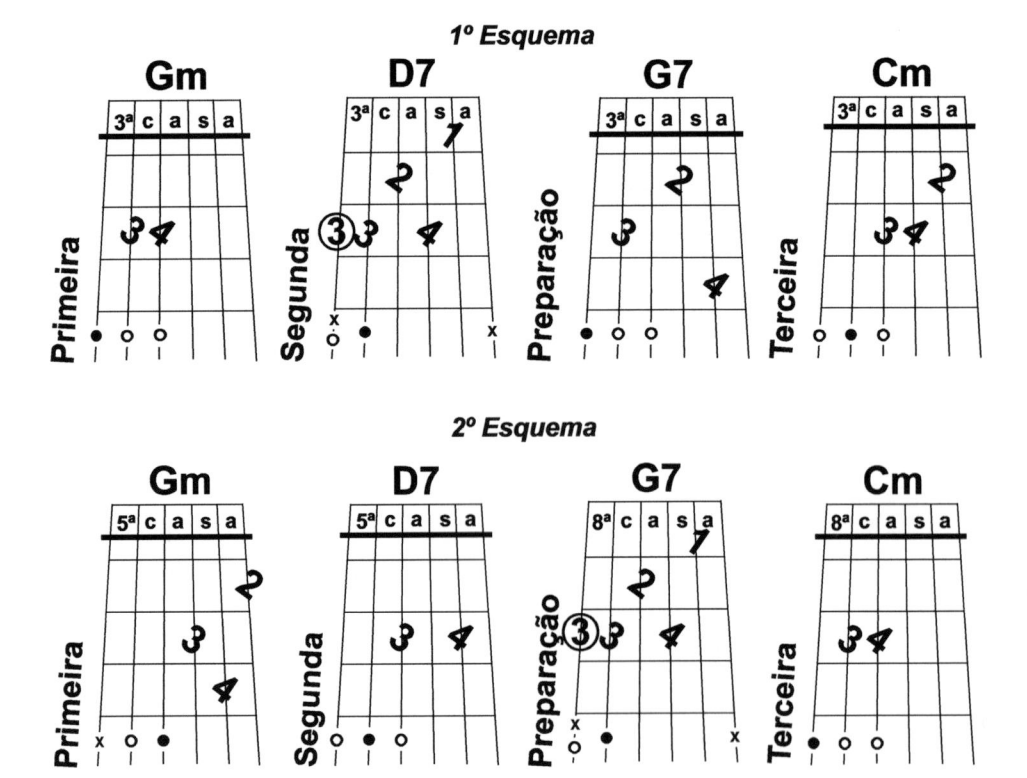

1º Esquema

Gm — **D7** — **G7** — **Cm**

2º Esquema

Gm — **D7** — **G7** — **Cm**

3º Esquema

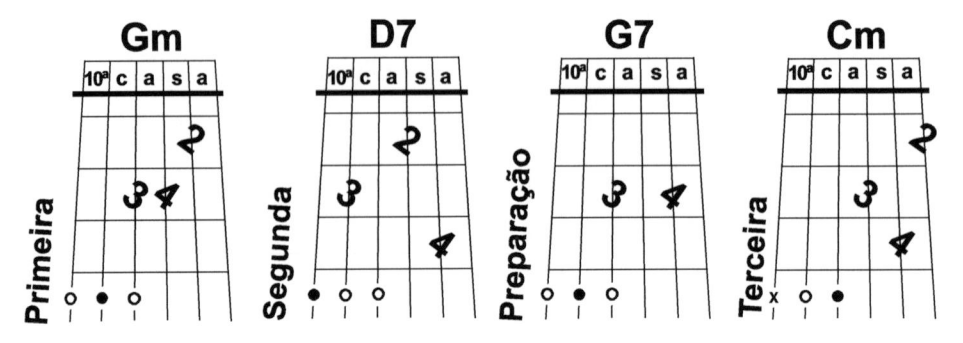

Gm — **D7** — **G7** — **Cm**

Faça o seguinte exercício, utilizando cada um dos esquemas: **Gm, D7, Gm, G7, Cm, D7, Gm**.

Fá Maior

Relativo de Ré Menor

1º Esquema

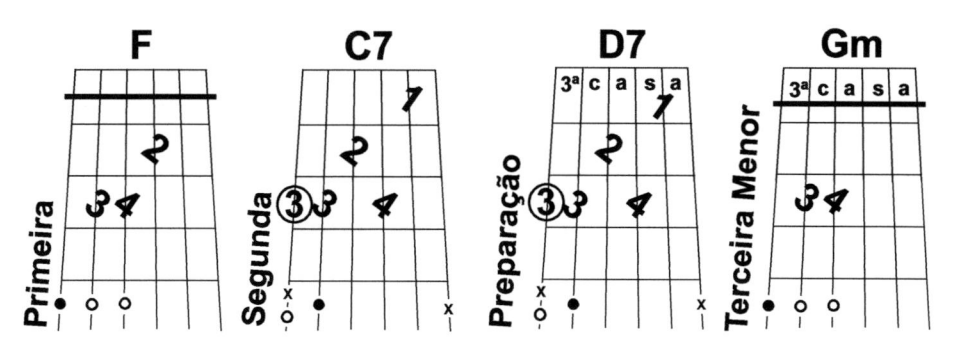

2º Esquema

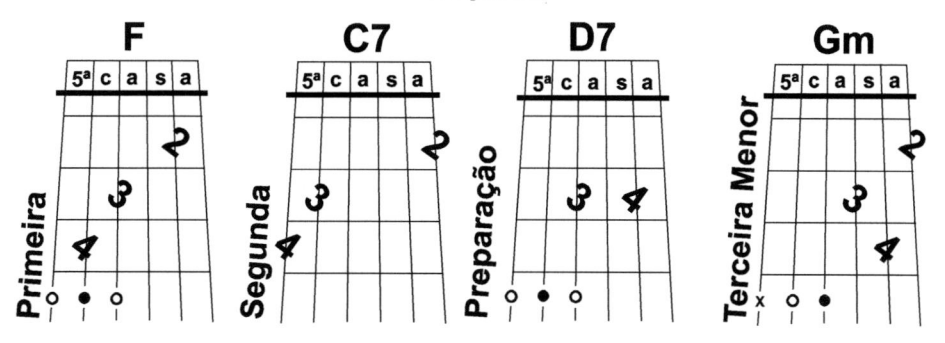

3º Esquema

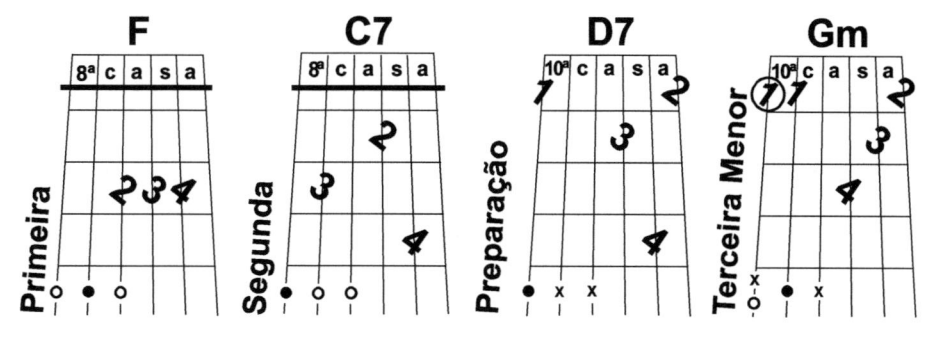

Faça o seguinte exercício, utilizando cada um dos esquemas: **F, C7, F, D7, Gm, C7, F**.

A preparação para a *Terceira Maior* e a *Terceira Maior* se formam, respectivamente, com os acordes **F7** e **B**$^\flat$. (Pág. 29)

Ré Menor

Relativo de Fá Maior

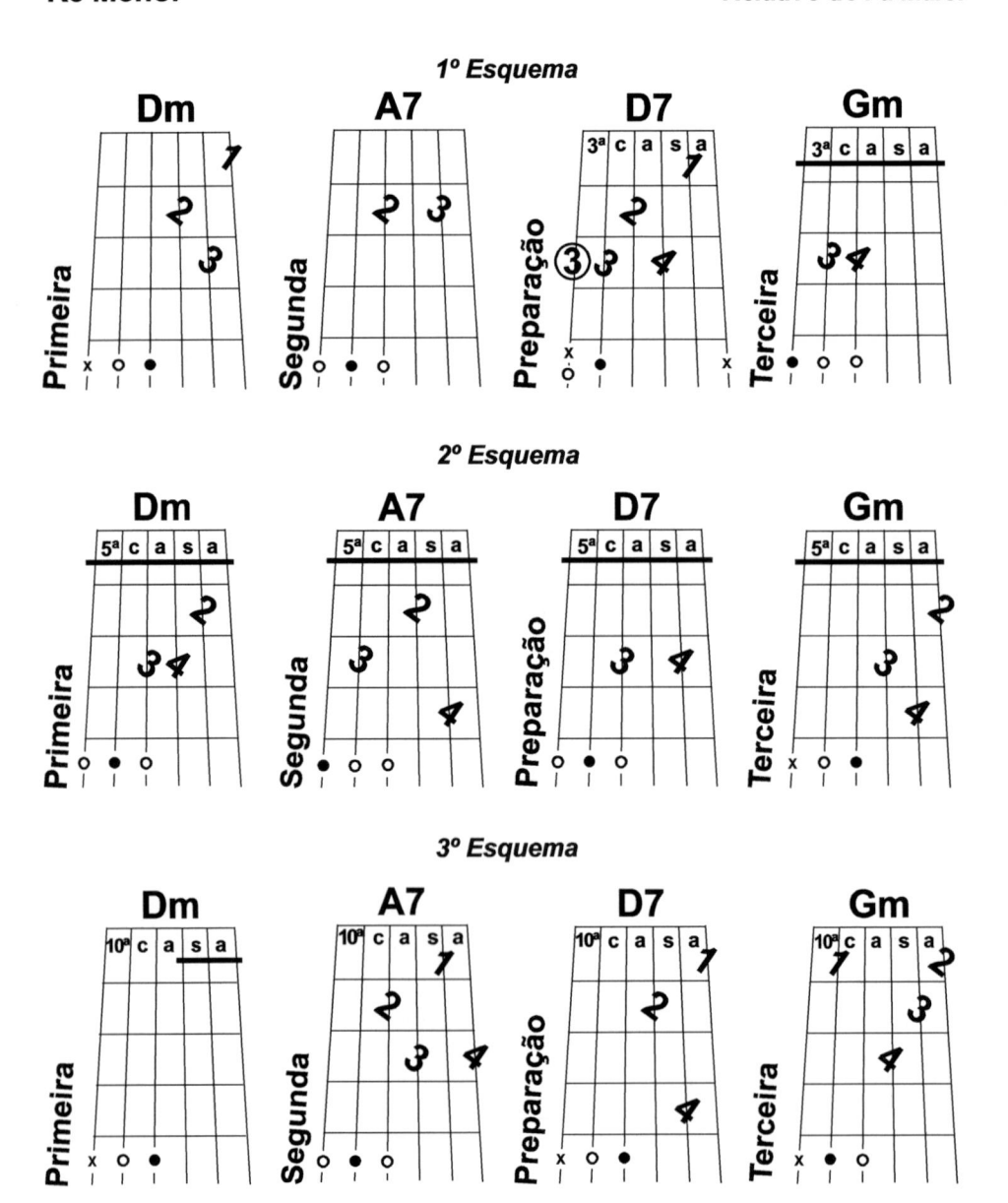

1º Esquema

Dm — **A7** — **D7** (3ª casa) — **Gm** (3ª casa)

2º Esquema

Dm (5ª casa) — **A7** (5ª casa) — **D7** (5ª casa) — **Gm** (5ª casa)

3º Esquema

Dm (10ª casa) — **A7** (10ª casa) — **D7** (10ª casa) — **Gm** (10ª casa)

Faça o seguinte exercício, utilizando cada um dos esquemas: **Dm, A7, Dm, D7, Gm, A7, Dm**.

2ª Parte

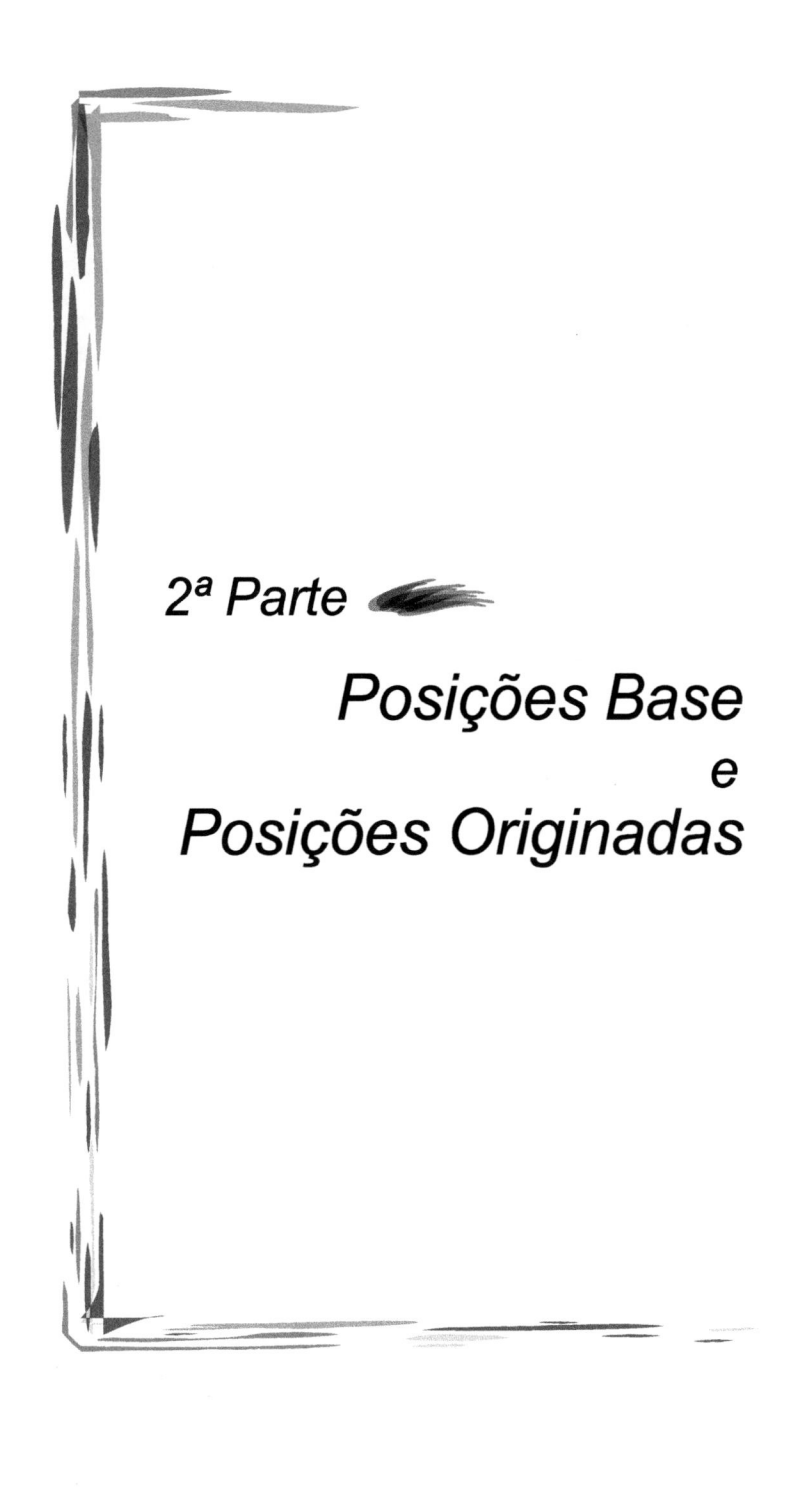

Posições Base
e
Posições Originadas

Os Vários Acordes Formados no Braço do Violão

Para o perfeito entendimento da matéria que se segue, é absolutamente indispensável saber a ordem em que se sucedem as notas.

Começando pela nota Lá (A), teremos a seguinte sequência: A (Lá), B♭ (Si Bemol), B (Si), C (Dó), D♭ (Ré Bemol), D (Ré), E♭ (Mi Bemol), E (Mi), F (Fá), G♭ (Sol Bemol), G (Sol), A♭ (Lá Bemol).

O braço do violão é dividido pelos trastos. Trastos são os filetes de metal. O espaço compreendido entre dois filetes de metal (trastos), chama-se casa.

De uma casa para outra imediata, existe uma diferença de semitom. Como também existe a diferença de semitom de uma nota para outra imediata. Da forma que estão dispostas as notas, dizemos que estão por semitons. De Dó (C) para Ré Bemol (D♭) temos um semitom. De Ré Bemol (D♭) para Ré (D), outro semitom. De Ré (D) para Mi Bemol (E♭), mais um semitom. De Mi Bemol (E♭) para Mi (E) outro semitom.

E assim iríamos até o fim, sempre encontrando de uma nota para outra imediata, um semitom. Poderíamos continuar até encontrar outra vez a nota Dó (C) e teríamos sempre um semitom, de uma para outra nota imediata.

Posições Base e Posições Originadas

Para que saibamos fazer qualquer posição no braço do violão, precisamos inicialmente saber as posições base.

Chamaremos de posições base, aquelas que são feitas sem pestana e formadas na 1ª casa do braço do violão.

Chamaremos de posições originadas aquelas que mantêm o mesmo desenho da posição base, com o acréscimo da pestana.

Comecemos então, o estudo das posições base e das posições originadas.

Posição Base C e suas Originadas

Observem bem a *gravura 1*. Nessa posição base, reparamos que as cordas que não estão presas pelo dedo 1 (2ª corda, 1ª casa), dedo 2 (4ª corda, 2ª casa) e dedo 3 (5ª corda, 3ª casa), estão apoiadas no final do braço do violão, num trasto de metal ou num cavalete de osso, dependendo da fabricação do instrumento. Esse trasto ou cavalete, funciona como se fosse uma pestana. Para conseguirmos a primeira posição originada, basta prender as mesmas cordas da posição base, uma casa abaixo: 2ª corda na 2ª casa, 4ª corda na 3ª casa e 5ª corda na 4ª casa. Na primeira casa, faremos a pestana com o dedo 1 *(Vide gravura 2)*. Obteremos aí a primeira de Ré Bemol Maior (D♭), porque na ordem em que se sucedem as notas, Ré Bemol é a nota imediatamente seguinte ao Dó (C).

As outras posições originadas serão encontradas sempre da mesma maneira. Descendo sempre uma casa e mantendo a mesma disposição dos dedos, teremos respectivamente as posições D (primeira de Ré), E♭ (primeira de Mi Bemol Maior), E (primeira de Mi Maior) e assim por diante. *(Vide gravuras 3, 4, 5 e 6)*.

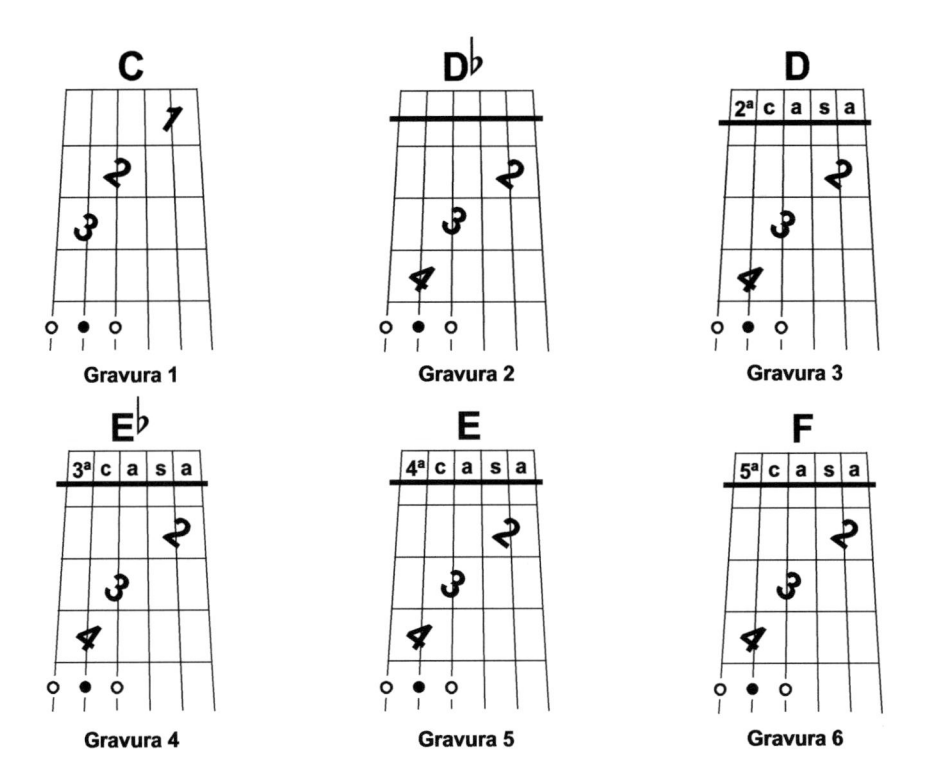

C	D♭	D
Gravura 1	Gravura 2	Gravura 3

E♭	E	F
Gravura 4	Gravura 5	Gravura 6

Obedecendo a mesma regra, isto é, continuando a descer uma casa no braço do violão, obteremos os acordes G♭ (6ª casa), G (7ª casa), A♭ (8ª casa), e assim por diante.

Posição Base G7 e suas Originadas

As posições originadas de G7 (segunda de Dó), também serão segundas de seus respectivos tons. Assim teremos: A♭7 (segunda de Ré Bemol), A7 (segunda de Ré), B♭7 (segunda de Mi Bemol), etc.

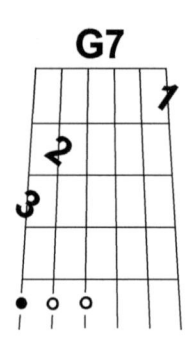

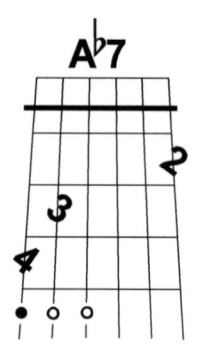

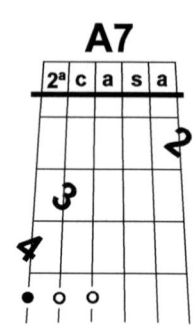

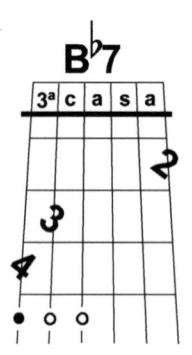

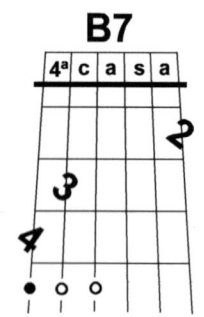

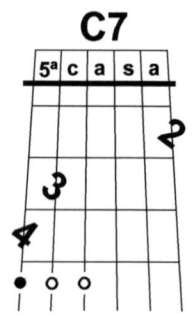

Obedecendo a mesma regra, isto é, continuando a descer uma casa no braço do violão, obteremos os acordes D♭7 (6ª casa), D7 (7ª casa), E♭7 (8ª casa) e assim por diante.

Exercício:

Fazer em ritmo de valsa, as posições C, G7, C. Logo em seguida fazer as posições delas originadas D♭, A♭7, D♭; D, A7 D; E♭, B♭7, E♭; E, B♭7, E; e continuar assim até o final do braço do violão.

Posição Base *Am* e suas Originadas

Daremos agora apenas três gráficos da posição base e das originadas. O violonista nesta altura já deve ter entendido qual o processo usado para encontrar as posições originadas. Não sendo assim, é preciso voltar e estudar cuidadosamente as lições anteriores, até entender.

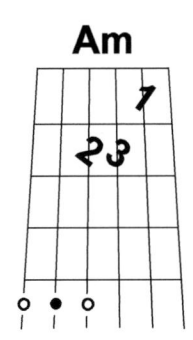

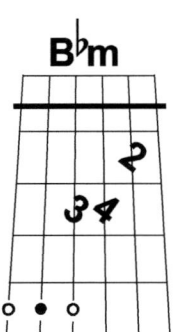

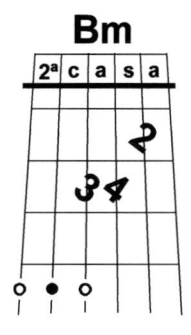

Am   **B♭m**   **Bm** (2ª casa)

Obedecendo a mesma regra, isto é, continuando a descer uma casa no braço do violão, obteremos os acordes: Cm (3ª casa), D♭m (4ª casa), Dm (5ª casa) e assim por diante.

Posição Base *E7* e suas Originadas

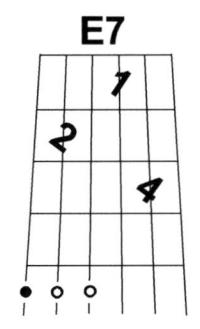

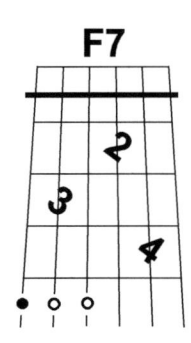

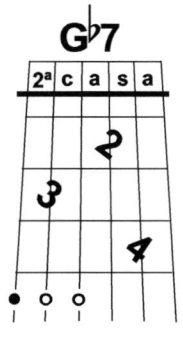

E7   **F7**   **G♭7** (2ª casa)

Obedecendo a mesma regra, isto é, continuando a descer uma casa no braço do violão, obteremos os acordes: G7 (3ª casa), A♭7 (4ª casa), A7 (5ª casa) e assim por diante.

Exercício:

Fazer em ritmo de valsa as posições base Am, E7, Am. Logo em seguida as posições delas originadas B♭m, F7, B♭m; Bm, G♭7, Bm; Cm, G7, Cm; e continuar assim até o final do braço do violão.

Posição Base G e suas Originadas

O estudo das posições originadas de G, é de difícil execução. Se o violonista resolver estudá-las, mesmo sabendo da dificuldade, só lucrará com isso. Enfim, elas aqui aparecem mais para seguir a lógica do trabalho. Sendo G uma posição base, não poderia deixar de ser apresentada juntamente com suas originadas.

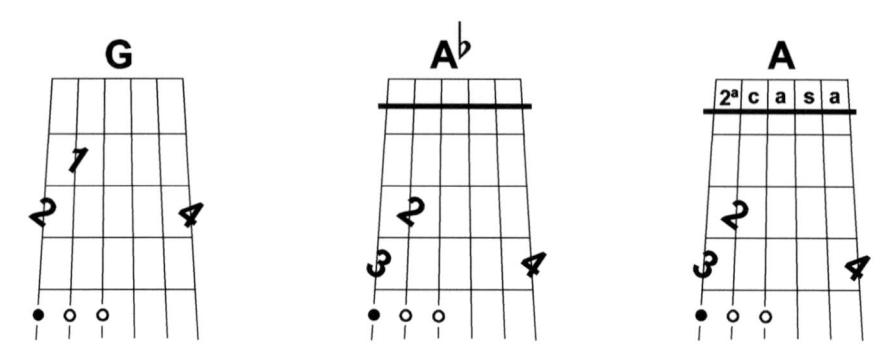

Obedecendo a mesma regra, isto é, continuando a descer uma casa no braço do violão, obteremos os acordes B♭ (3ª casa), B (4ª casa), C (5ª casa), etc.

Posição Base D7 e suas Originadas

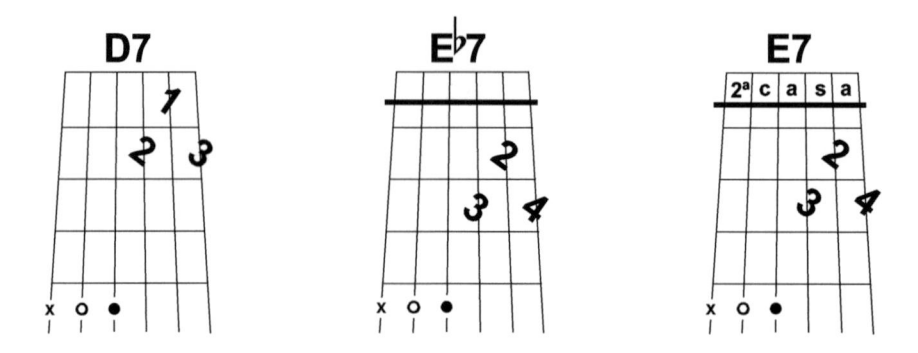

Obedecendo a mesma regra, isto é, continuando a descer uma casa no braço do violão, obteremos os acordes F7 (3ª casa), G♭7 (4ª casa), G7 (5ª casa), etc.

Exercício:
Fazer em ritmo de valsa, as posições G, D7, G. Logo em seguida fazer as posições delas originadas A♭, E♭7, A♭; A, E7, A; B♭, F7, B♭; e continuar assim até o final do braço do violão.

Posição Base *Em* e suas Originadas

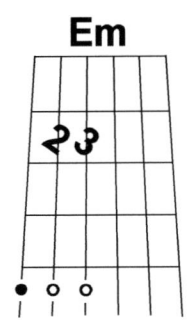

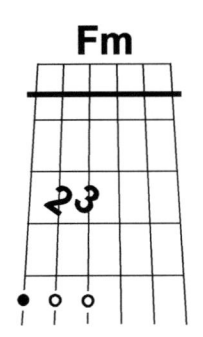

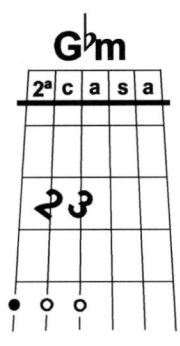

Em **Fm** **G♭m**

Continuando a descer uma casa, obteremos respectivamente os acordes Gm (3ª casa), A♭m (4ª casa), Am (5ª casa), etc.

Posição Base *B7* e suas Originadas

> Para evitar o uso da pestana e a tremenda dificuldade que isto causaria, as posições originadas de B7 sofrem uma pequena modificação quanto à disposição de colocação dos dedos.

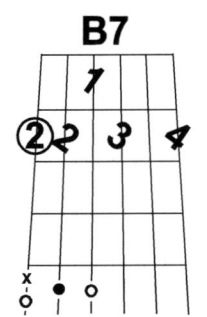

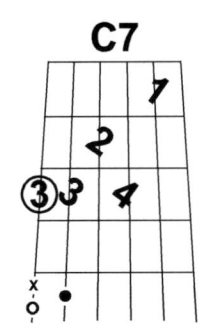

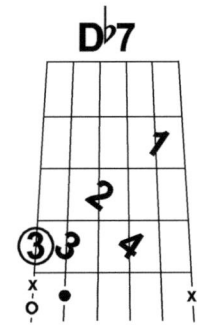

B7 **C7** **D♭7**

Continuando a descer uma casa, obteremos respectivamente os acordes D7, E♭7, E7, F7, etc.

Exercício:

Fazer em ritmo de valsa, as posições Em, B7, Em. Em seguida fazer as posições delas originadas Fm, C7, Fm; G♭m, D♭7, G♭m; Gm, D7, Gm; A♭m, E♭7, A♭m, etc.

Posição Base D e suas Originadas

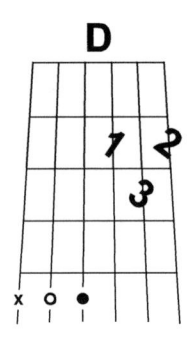

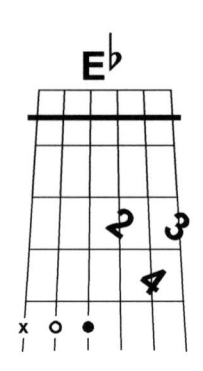

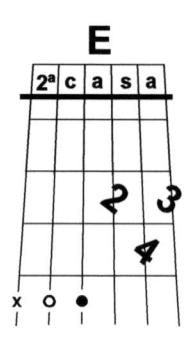

[Diagramas de acordes: D, E♭, E (2ª casa)]

Continuando a descer uma casa obteremos respectivamente os acordes F, G♭, G, A♭, A, etc.

Posição Base A7 e suas Originadas

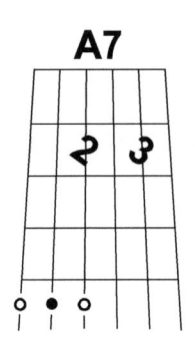

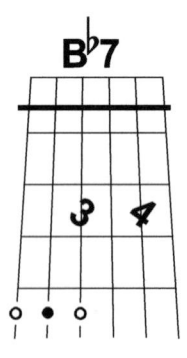

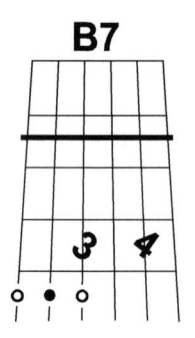

[Diagramas de acordes: A7, B♭7, B7]

Continuando a descer uma casa, obteremos respectivamente os acordes C7 (3ª casa), D♭7 (4ª casa), D7 (5ª casa), etc.

Exercício:

Fazer em ritmo de valsa, as posições D, A7, D. Logo em seguida fazer as posições delas originadas E♭, B♭7, E♭, E, B7, E; e continuar assim até o final do braço do violão.

Posição Base *Dm* e suas Originadas

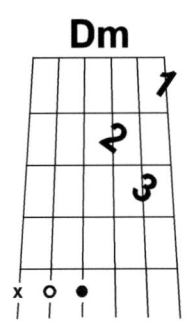

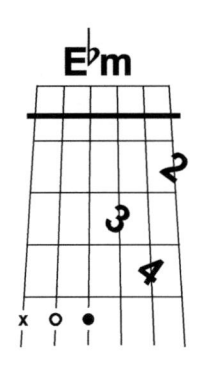

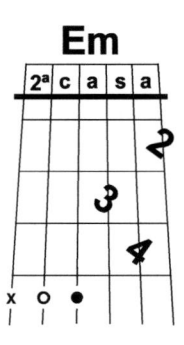

Dm **E♭m** **Em**

Continuando a descer uma casa, obteremos respectivamente os acordes Fm, G♭m, Gm, A♭m, Am, etc.

Posição Base *A7* e suas Originadas
(Vide página anterior)

Posição Base *A* e suas Originadas

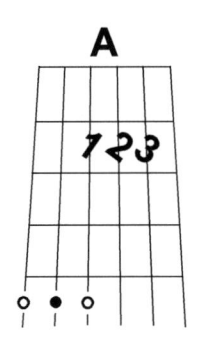

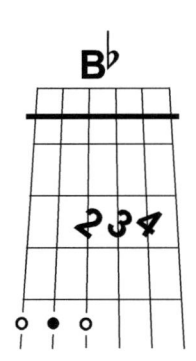

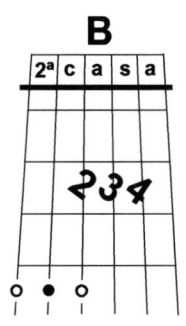

A **B♭** **B**

Continuando a descer uma casa, obteremos respectivamente os acordes C, D♭, D, E♭, etc.

Posição Base E7 e suas Originadas
(Vide página 37)

Exercício:
   Fazer em rítmo de valsa, as posições A, E7, A. Em seguida fazer as posições delas originadas: B♭, F7, B♭; B, G♭7, B; C, G7, C; etc.

Posição Base E e suas Originadas

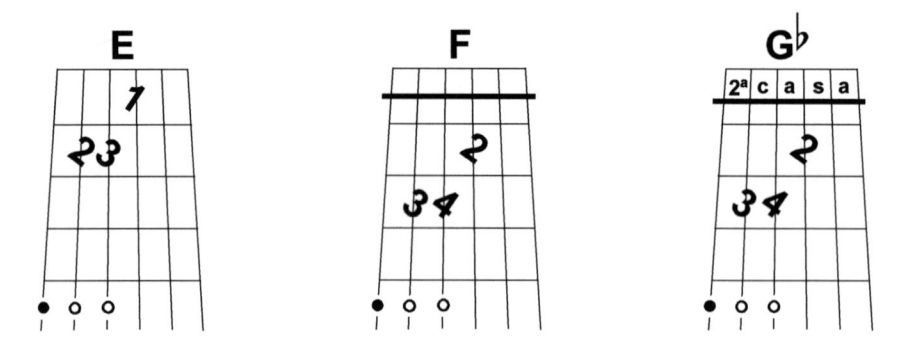

```
      E                    F                   G♭
                                          ┌─2ª casa─┐
      1
    2 3                    2                   2
                          3 4                 3 4

  • o o                  • o o               • o o
```

   Continuando a descer uma casa, obteremos respectivamente os acordes G, A♭, A, etc.

Posição Base B7 e suas Originadas
(Vide página 39)

Exercício:
   Fazer em rítmo de valsa, as posições E, B7, E, e suas originadas F, C7, F; G♭, D♭7, G♭; G, D7, G; etc.

3ª Parte

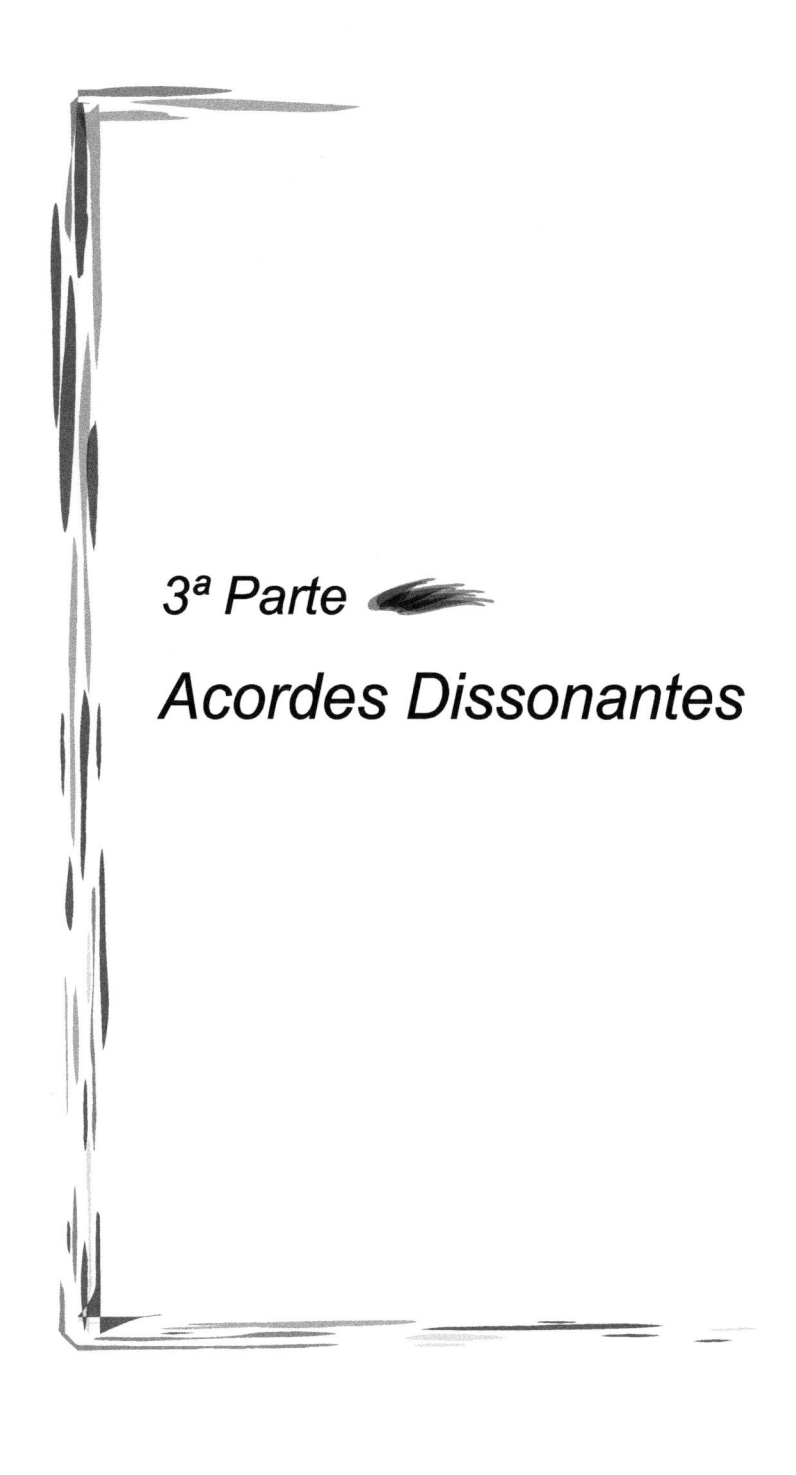

Acordes Dissonantes

Como vínhamos fazendo até aqui, daremos a posição base e as duas originadas que se encontram em casas imediatamente seguidas.

O violonista poderá continuar a descer uma casa, até o final do braço do violão e terá assim todas as demais posições originadas.

Para nomeá-las, já sabemos que é só obedecer a ordem em que se sucedem as notas.

Todos os acordes que passaremos a estudar, fazem parte do capítulo *Acordes Dissonantes* do *Método de Violão Fernando Azevedo*. Portanto não há necessidade de aqui falar sobre seu emprego ou sua cifragem. Se o violonista tiver alguma dúvida, sugerimos que consulte o referido método.

ACORDES DE SÉTIMA e NONA

NONA MAIOR

Posição Base B9 *(Si com Nona Maior)*
e suas Originadas

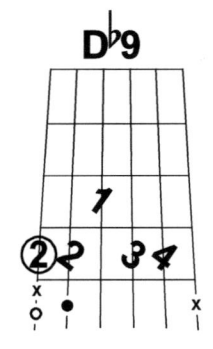

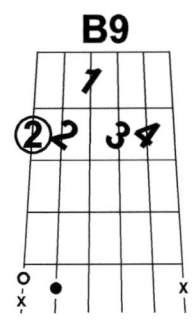

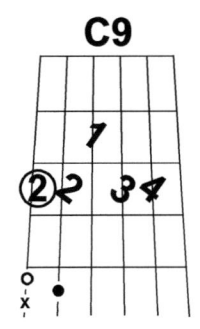

Posição Base E♭9 *(Mi Bemol com Nona Maior)*
e suas Originadas

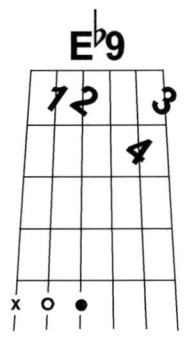

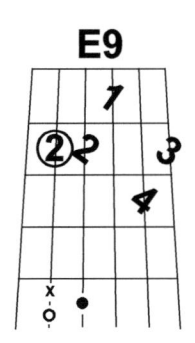

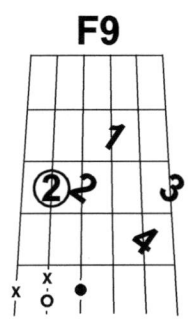

Posição Base E9 *(Mi com Nona Maior)* e suas Originadas

E9   **F9** 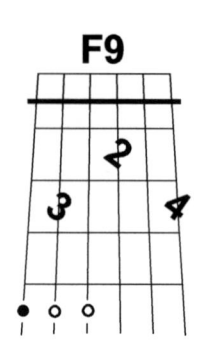   **G♭9**

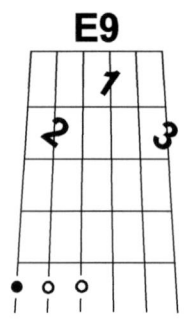

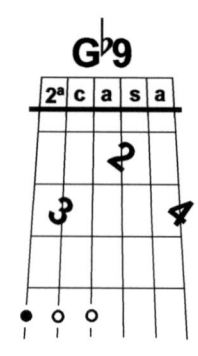

NONA MENOR
Posição Base B(-9) *(Si com Nona menor)* e suas Originadas

B♭(-9)   **B(-9)** 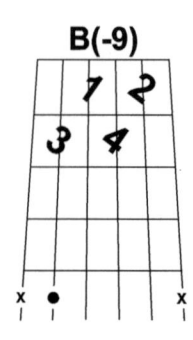   **C(-9)**

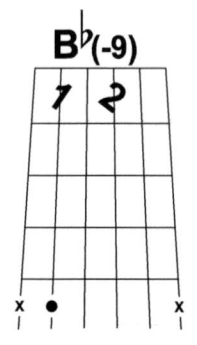

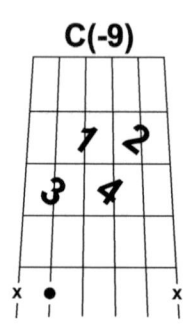

`Posição Base E(-9) (Mi com Nona Menor)
 e suas Originadas

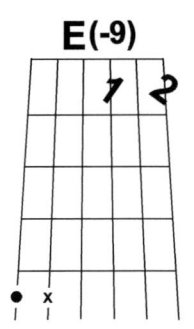

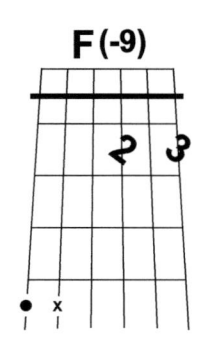

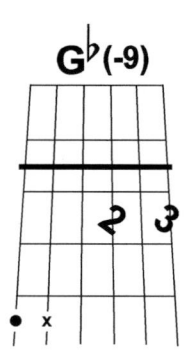

E(-9)   F(-9)   G♭(-9)

ACORDES DE SÉTIMA E QUINTA AUMENTADA

`Posição Base D($^{7}_{+5}$) (Ré com Sétima e Quinta Aumentada)
 e suas Originadas

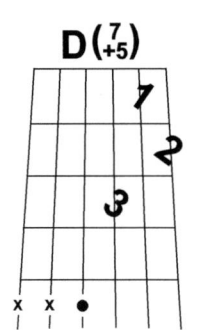

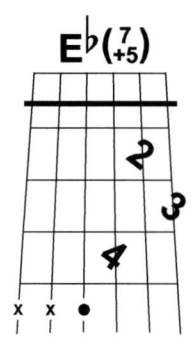

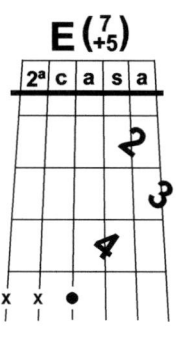

D($^{7}_{+5}$)   E♭($^{7}_{+5}$)   E($^{7}_{+5}$)

2ª casa

Posição Base E($^{7}_{+5}$) (Mi com Sétima e Quinta Aumentada)
e suas Originadas

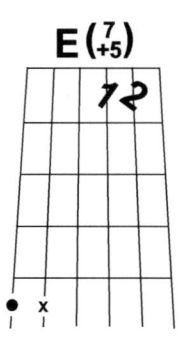

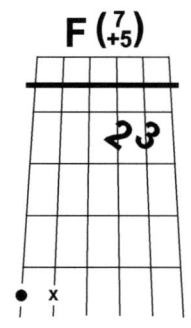

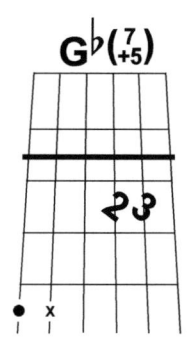

E($^{7}_{+5}$)   F($^{7}_{+5}$)   G♭($^{7}_{+5}$)

Posição Base A(⁷₊₅) (Lá com Sétima e Quinta Aumentada) e suas Originadas

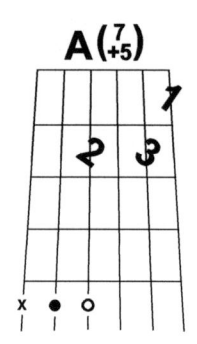

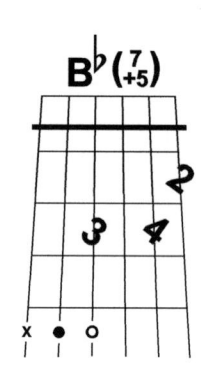

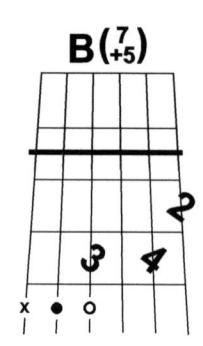

A(⁷₊₅) **B♭(⁷₊₅)** **B(⁷₊₅)**

ACORDES DE SÉTIMA DIMINUTA

Posição Base D° (Ré com Sétima Diminuta) e suas Originadas

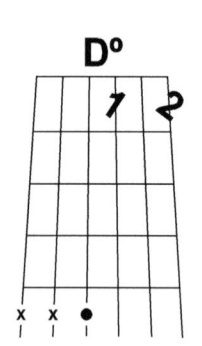

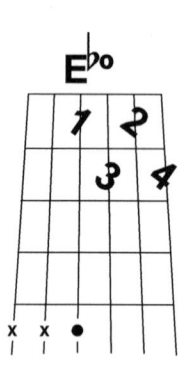

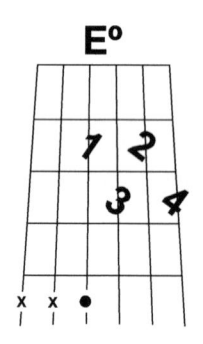

D° **E♭°** **E°**

Posição Base E° (Mi com Sétima Diminuta) e suas Originadas

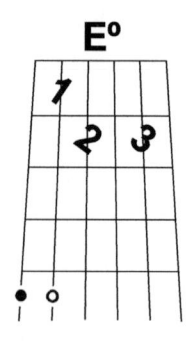

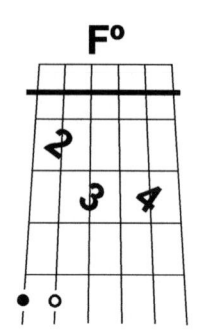

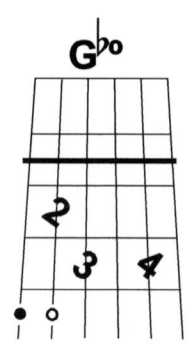

E° **F°** **G♭°**

Posição Base F° (Fá com Sétima Diminuta) e suas Originadas

F°

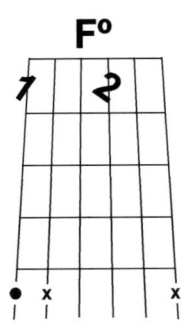

G♭°

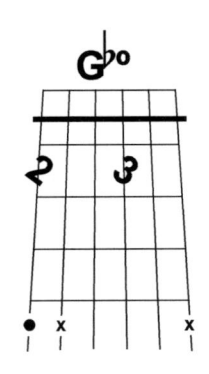

G°

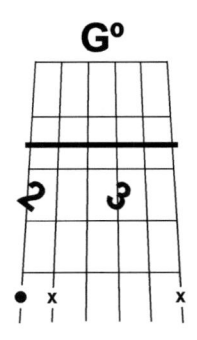

ACORDES DE SÉTIMA MAIOR

Posição Base C7M (Dó com Sétima Maior) e suas Originadas

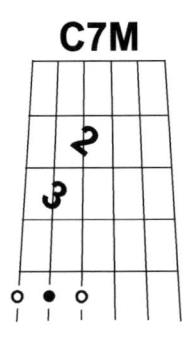

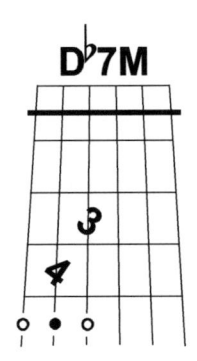

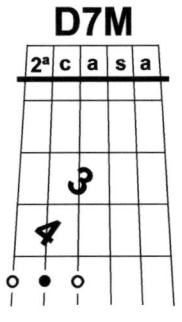

C7M

D♭7M

D7M — 2ª casa

Posição Base D7M (Ré com Sétima Maior) e suas Originadas

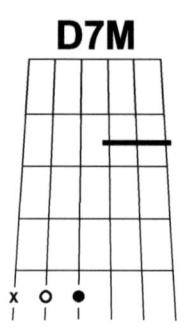

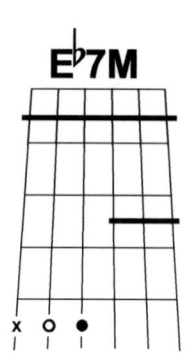

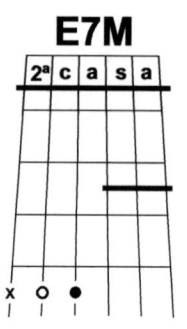

D7M

E♭7M

E7M
2ª c a s a

> Nestas posições originadas, aparecem duas pestanas. A maior é feita com o primeiro dedo; a menor com o quarto dedo.

Posição Base E7M (Mi com Sétima Maior) e suas Originadas

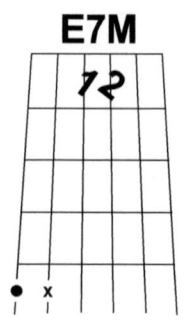

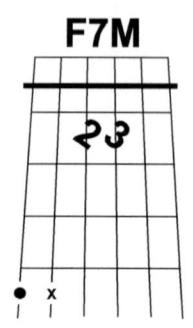

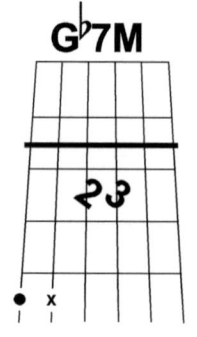

E7M

F7M

G♭7M

Posição Base A7M *(Lá com Sétima Maior)*
e suas Originadas

A7M   B♭7M   B7M

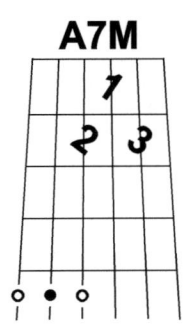

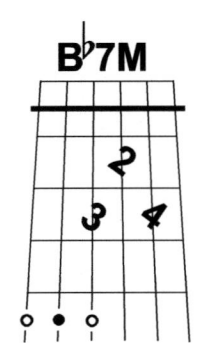

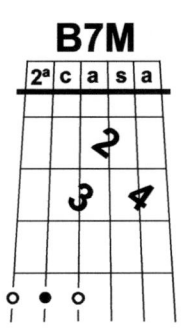

ACORDES MENORES COM SÉTIMA

Posição Base Em7 *(Mi Menor com Sétima)*
e suas Originadas

Em7   Fm7   G♭m7

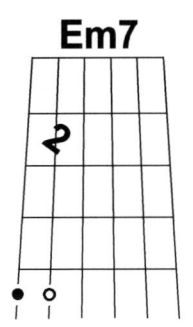

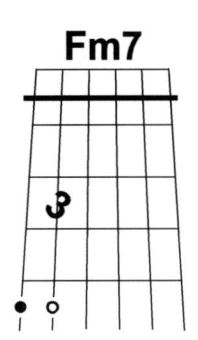

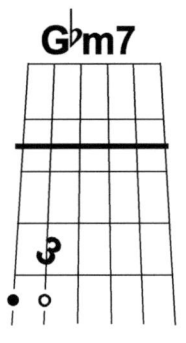

Posição Base Am7 *(Lá Menor com Sétima)*
e suas Originadas

Am7   B♭m7   Bm7

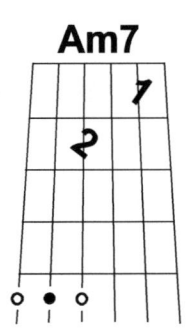

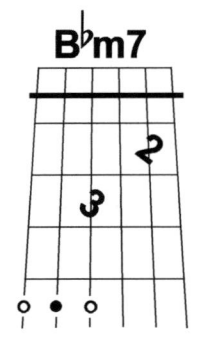

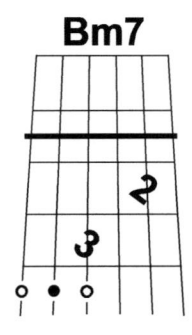

ACORDES MENORES COM NONA

Posição Base Bm9 (Si Menor com Nona) e suas Originadas

Bm9 **Cm9** 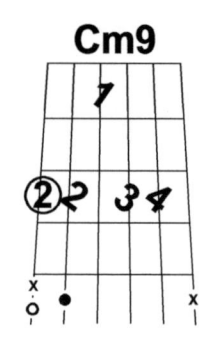 **D♭m9**

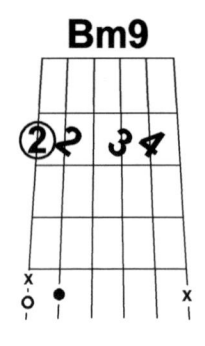

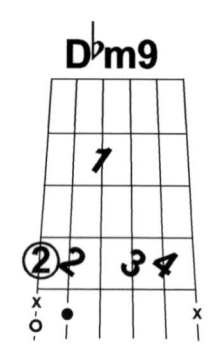

Posição Base Em9 (Mi Menor com Nona) e suas Originadas

Em9 **Fm9** 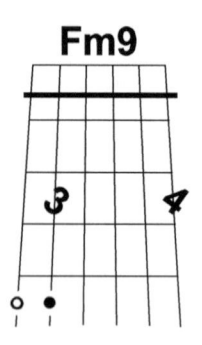 **G♭m9**

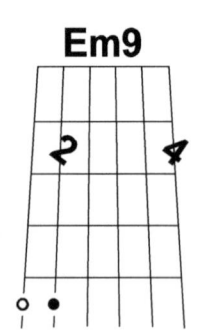

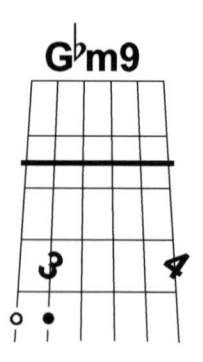

ACORDES MENORES COM SEXTA

Posição Base Cm6 (Dó Menor com Sexta) e suas Originadas

Cm6 **D♭m6** 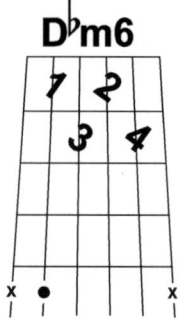 **Dm6**

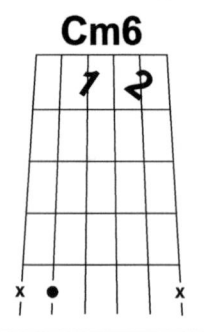

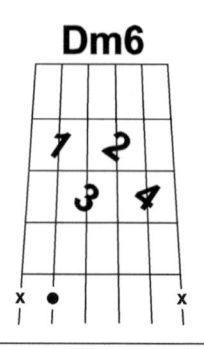

`Posição Base **Fm6** (Fá Menor com Sexta)
e suas Originadas

Fm6　　　**G♭m6** 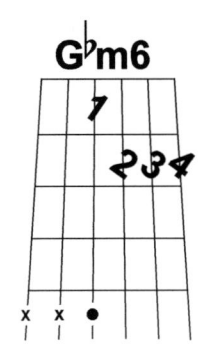　　　**Gm6**

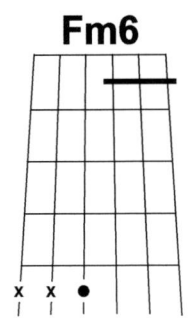

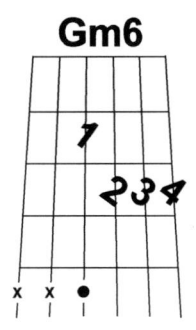

`Posição Base **Am6** (Lá Menor com Sexta)
e suas Originadas

Am6　　　**B♭m6** 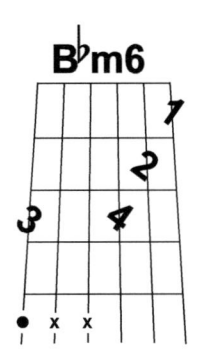　　　**Bm6**

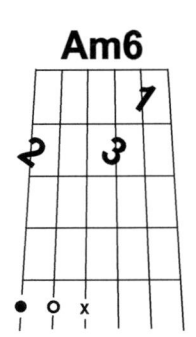

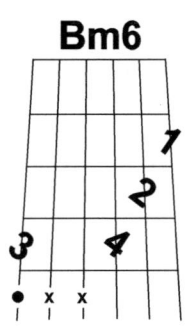

ACORDES DE QUINTA AUMENTADA e NONA

`Posição Base **C(+5/9)** (Dó com Quinta Aumentada e Nona)
e suas Originadas

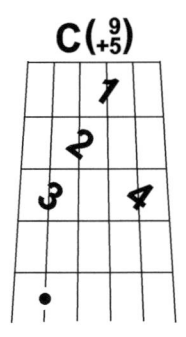

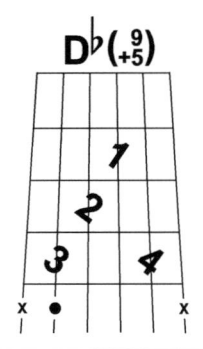

C(+5/9)　　　**D♭(+5/9)**　　　**D(+5/9)**

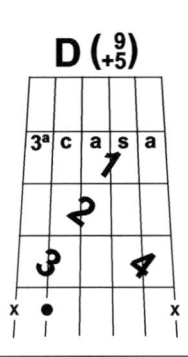

**Posição Base E(⁹₊₅) *(Mi com Quinta Aumentada e Nona)*
e suas Originadas**

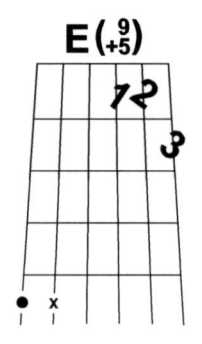

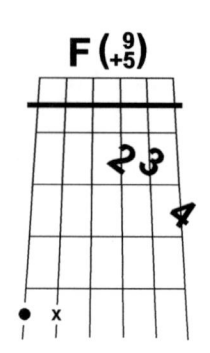

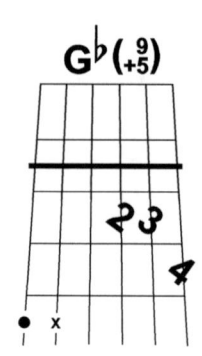

ACORDES DE NONA AUMENTADA

**Posição Base E9+ *(Mi com Nona Aumentada)*
e suas Originadas**

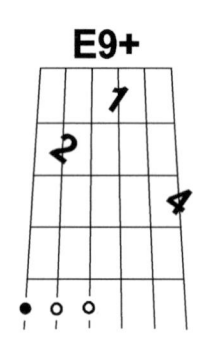

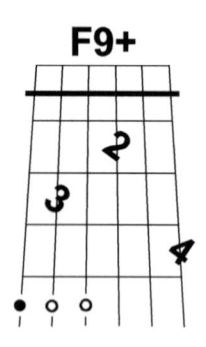

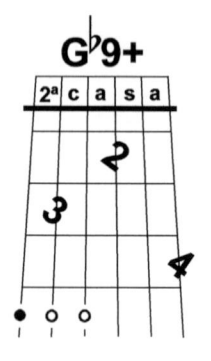

**Posição Base B♭9+ *(Si Bemol com Nona Aumentada)*
e suas Originadas**

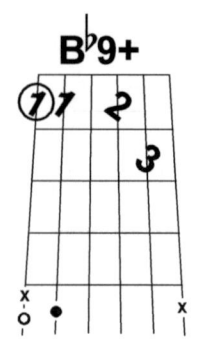

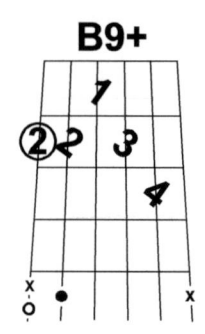

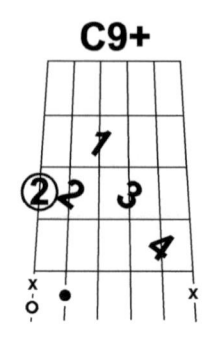

ACORDES MENORES COM DÉCIMA PRIMEIRA

Posição Base Bm11 *(Si menor com Décima Primeira)*
e suas Originadas

Bm11   Cm11 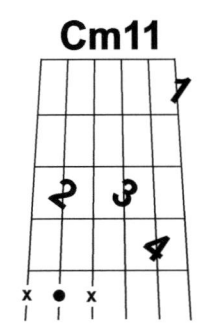   D♭m11

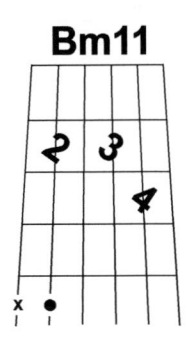

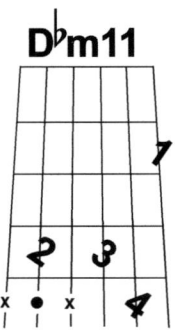

Posição Base G♭m11 *(Sol Bemol Menor com Décima Primeira)*
e suas Originadas

G♭m11   Gm11 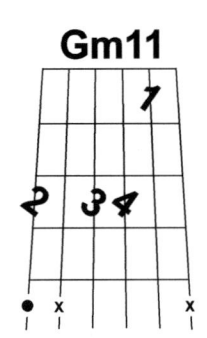   A♭m11

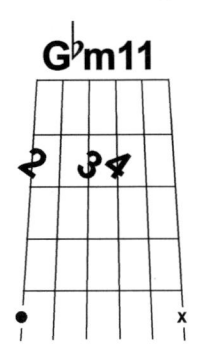

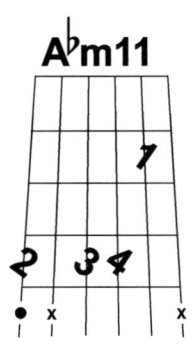

ACORDES MAIORES COM DÉCIMA PRIMEIRA AUMENTADA

Posição Base B♭11+ *(Si Bemol com Décima Primeira Aumentada)*
e suas Originadas

B♭11+   B11+ 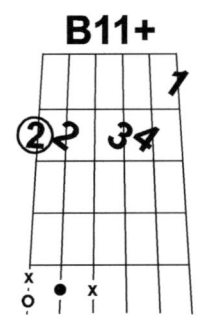   C11+

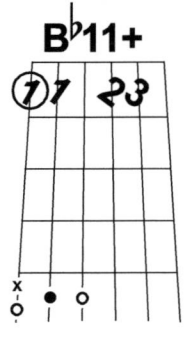

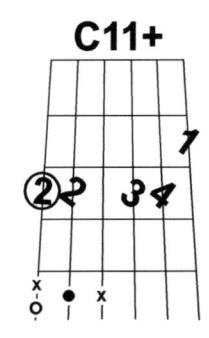

Posição Base F11+ *(Fá com Décima Primeira Aumentada)*
e suas Originadas

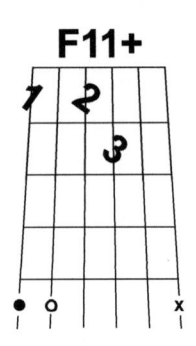

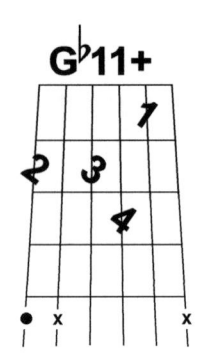

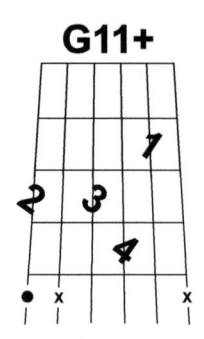

F11+   G♭11+   G11+

ACORDES MAIORES COM DÉCIMA TERCEIRA

Posição Base A13 *(Lá com Décima Terceira)*
e suas Originadas

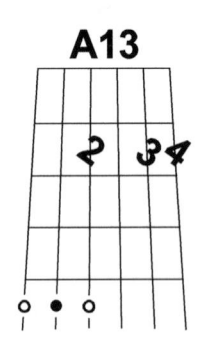

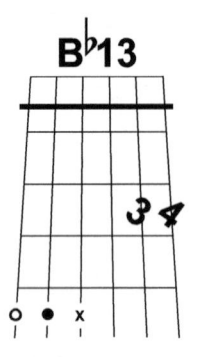

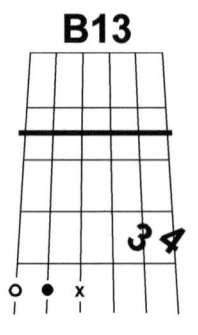

A13   B♭13   B13

Posição Base E13 *(Mi com Décima Terceira)*
e suas Originadas

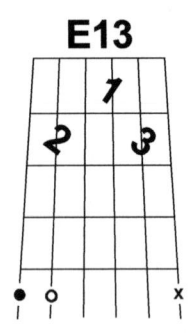

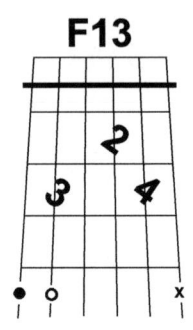

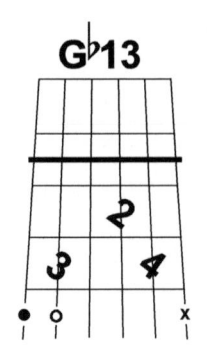

E13   F13   G♭13

Indice dos Acordes

Dedicado àqueles que têm dificuldade de localizar os acordes nas casas determinadas, neste índice qualquer acorde poderá ser encontrado facilmente, desde que se tenha lido com atenção as considerações da página 34.

Os acordes aparecerão na ordem em que se sucedem as notas.

Será indicado o nome do acorde, a casa onde é feita a *posição base* da qual é originado. Como já vimos, posição base é aquela que, feita na primeira casa do braço do violão, determina a disposição dos dedos. Mantida essa disposição, embora feita em outra casa do braço do violão, geralmente com o auxílio da pestana teremos como resultado um outro acorde.

Posição originada é, portanto, aquela que mantém a mesma disposição dos dedos da posição base, feita em outra casa.

A casa onde deverá ser feito o acorde procurado, vem indicada em cada uma das cifras do Índice. (3ªcasa, 6ªcasa, 4ªcasa, etc.)

A
5ª e 7ª casa 15
2ª casa - Posição Base **G** 38
9ª »   -   »   **C** 35

A°
4ª casa - Posição Base **F°** 49
5ª »   -   »   **E°** 48
7ª »   -   »   **D°** 48

Am
5ª e 7ª casa 10

Am6
.... 53
4ª casa - Posição Base **Fm6** 53
9ª »   -   »   **Cm6** 52

Am7
.... 51
5ª casa - Posição Base **Em7** 51

A7
5ª e 10ª casa 9
2ª casa 13

A7M
.... 51
5ª casa - Posição Base **E7M** 50
7ª »   -   »   **D7M** 50
9ª »   -   »   **C7M** 49

A($_{+5}^{7}$)
.... 48
5ª casa - Posição Base **E($_{+5}^{7}$)** 47
7ª »   -   »   **D($_{+5}^{7}$)** 47

A($_{+5}^{9}$)
5ª casa - Posição Base **E($_{+5}^{9}$)** 54
10ª »   -   »   **C($_{+5}^{9}$)** 53

A9
5ª casa - Posição Base **E9** 46
11ª »   -   »   **B9** 45

Am9
5ª casa - Posição Base **Em9** 52
10ª »   -   »   **Bm9** 52

A(-9)
5ª casa - Posição Base **E(-9)** 47
11ª »   -   »   **B♭(-9)** 46

A9+
5ª casa - Posição Base **E9+** 54
11ª »   -   »   **B♭9+** 54

Am11
3ª casa - Posição Base **G♭m11** 55
10ª »   -   »   **Bm11** 55

A11+
4ª casa - Posição Base **F11+** 56

A13
.... 56
5ª casa - Posição Base **E13** 56

B♭
6ª e 8ª casa 29
3ª casa - Posição Base **G** 38
10ª »   -   »   **C** 35

B♭°
5ª casa - Posição Base **F°** 49
8ª »   -   »   **D°** 48
6ª »   -   »   **E°** 48

B♭m
6ª e 8ª casa 24

B♭m6
.... 53
5ª casa - Posição Base **Fm6** 53
10ª »   -   »   **Cm6** 52

B♭m7
.... 51
6ª casa - Posição Base **Em7** 51

B♭7
6ª e 11ª casa 24
3ª casa 27
8ª casa - Posição Base **D7** 38

B♭7M
.... 51
6ª casa - Posição Base **E7M** 50
8ª »   -   »   **D7M** 50
10ª »   -   »   **C7M** 49

B♭($_{+5}^{7}$)
.... 48
6ª casa - Posição Base **E($_{+5}^{7}$)** 47
8ª »   -   »   **D($_{+5}^{7}$)** 47

B♭($_{+5}^{9}$)
6ª casa - Posição Base **E($_{+5}^{9}$)** 54
11ª »   -   »   **C($_{+5}^{9}$)** 53

B♭9
6ª casa - Posição Base **E9** 46

B♭m9
6ª casa - Posição Base **Em9** 52
11ª »   -   »   **Bm9** 52

B♭(-9)
.... 46
6ª casa - Posição Base **E(-9)** 47

B♭9+
.... 54
6ª casa - Posição Base **E9+** 54

B♭m11
4ª casa - Posição Base **G♭m11** 55
11ª »   -   »   **Bm11** 55

B♭11+
.... 55
5ª casa - Posição Base **F11+** 56

B♭13
.... 56
6ª casa - Posição Base **E13** 56

Segredo do Braço do Violão

B
2ª, 7ª e 9ª casa 19
4ª casa - Posição Base **G** 38

B°
6ª casa - Posição Base **F°** 49
7ª   >>   -   >>   **E°** 48
9ª   >>   -   >>   **D°** 48

Bm
2ª, 7ª e 9ª casa 14

Bm6
.... 53
6ª casa - Posição Base **Fm6** 53
11ª   >>   -   >>   **Cm6** 52

Bm7
.... 51
7ª casa - Posição Base **Em7** 51

B7
7ª e 9ª casa 14
2ª casa 13
4ª   >> 36

B7M
.... 51
7ª casa - Posição Base **E7M** 50
9ª   >>   -   >>   **D7M** 50

B($^{7}_{+5}$)
.... 48
7ª casa - Posição Base **E($^{7}_{+5}$)** 47
9ª   >>   -   >>   **D($^{7}_{+5}$)** 47

B($^{9}_{+5}$)
7ª casa - Posição Base **E($^{9}_{+5}$)** 54

B9
.... 45
7ª casa - Posição Base **E9** 46

Bm9
.... 52
7ª casa - Posição Base **Em9** 52

B(-9)
.... 46
7ª casa - Posição Base **E(-9)** 47

B9+
.... 54
7ª casa - Posição Base **E9+** 54

Bm11
.... 55
5ª casa - Posição Base **G♭m11** 55

B11+
.... 55
6ª casa - Posição Base **F11+** 56

B13
.... 56
7ª casa - Posição Base **E13** 56

C
3ª e 8ª casa 9
5ª casa - Posição Base **G** 38
10ª   >>   -   >>   **D** 40

C°
7ª casa - Posição Base **F°** 49
8ª   >>   -   >>   **E°** 48
10ª   >>   -   >>   **D°** 48

Cm
3ª, 8ª e 10ª casa 28

Cm6
.... 52
7ª casa - Posição Base **Fm6** 53
12ª   >>   -   >>   **Cm6** 52

Cm7
3ª casa - Posição Base **Am7** 51
8ª   >>   -   >>   **Em7** 51

C7
3ª e 8ª casa 28
5ª casa - Posição Base **G7** 36
10ª   >>   -   >>   **D7** 38

C7M
.... 49
3ª casa - Posição Base **A7M** 51
8ª   >>   -   >>   **E7M** 50
10ª casa -   >>   **D7M** 50

C($^{7}_{+5}$)
3ª casa - Posição Base **A($^{7}_{+5}$)** 48
8ª   >>   -   >>   **E($^{7}_{+5}$)** 47
10ª   >>   -   >>   **D($^{7}_{+5}$)** 47

C($^{9}_{+5}$)
.... 53
8ª casa - Posição Base **E($^{9}_{+5}$)** 54

C9
.... 45
8ª casa - Posição Base **E9** 46

Cm9
.... 52
8ª casa - Posição Base **Em9** 52

C(-9)
.... 46
8ª casa - Posição Base **E(-9)** 47

C9+
.... 54
8ª casa - Posição Base **E9+** 54

Cm11
.... 55
6ª casa - Posição Base **G♭m11** 55

C11+
.... 55
7ª casa - Posição Base **F11+** 56

C13
3ª casa - Posição Base **A13** 56
8ª   >>   -   >>   **E13** 56

D♭
4ª e 9ª casa 23
6ª casa - Posição Base **G** 38

D♭º
8ª casa - Posição Base **Fº** 49
10ª   >>   -   >>   **Eº** 48
11ª   >>   -   >>   **Dº** 48

D♭m
4ª e 9ª casa 18

D♭m6
.... 52
4ª casa - Posição Base **Am6** 53
8ª   >>   -   >>   **Fm6** 53

D♭m7
4ª casa - Posição Base **Am7** 51
9ª   >>   -   >>   **Em7** 51

D♭7
2ª, 4ª e 9ª casa 18
6ª casa - Posição Base **G7** 36
11ª   >>   -   >>   **D7** 38

D♭7M
.... 49
4ª casa - Posição Base **A7M** 51
9ª   >>   -   >>   **E7M** 50
11ª   >>   -   >>   **D7M** 50

D♭($^7_{+5}$)
4ª casa - Posição Base **A($^7_{+5}$)** 48
9ª   >>   -   >>   **E($^7_{+5}$)** 47
11ª   >>   -   >>   **D($^7_{+5}$)** 47

D♭($^9_{+5}$)
.... 53
9ª casa - Posição Base **E($^9_{+5}$)** 54

D♭9
.... 45
9ª casa - Posição Base **E9** 46

D♭m9
.... 52
9ª casa - Posição Base **Em9** 52

D♭(-9)
3ª casa - Posição Base **B(-9)** 46
9ª   >>   -   >>   **E(-9)** 47

D♭9+
3ª casa - Posição Base **B♭9+** 54
9ª   >>   -   >>   **E9+** 54

D♭m11
.... 55
7ª casa - Posição Base **G♭m11** 55

D♭11+
3ª casa - Posição Base **B♭11+** 55
8ª   >>   -   >>   **F11+** 56

D♭13
4ª casa - Posição Base **A13** 56
9ª   >>   -   >>   **E13** 56

D
2ª e 5ª casa 13
7ª casa - Posição Base **G** 38
10ª   >>   -   >>   **E** 42

Dº
.... 48
9ª casa - Posição Base **Fº** 49
10ª   >>   -   >>   **Eº** 48
12ª   >>   -   >>   **Dº** 48

Dm
5ª e 10ª casa 32

Dm6
.... 52
5ª casa - Posição Base **Am6** 53
9ª   >>   -   >>   **Fm6** 53

Dm7
5ª casa - Posição Base **Am7** 51
10ª   >>   -   >>   **Em7** 51

D7
3ª e 7ª casa 11
5ª e 10ª   >> 31

D7M
2ª casa 50
5ª casa - Posição Base **A7M** 51
10ª   >>   -   >>   **E7M** 50

D($^7_{+5}$)
.... 47
5ª casa - Posição Base **A($^7_{+5}$)** 48
10ª   >>   -   >>   **E($^7_{+5}$)** 47

D($^9_{+5}$)
3ª casa 53
10ª casa - Posição Base **E($^9_{+5}$)** 54

D9
4ª casa - Posição Base **B9** 45
10ª   >>   -   >>   **E9** 46

Dm9
3ª casa - Posição Base **Bm9** 52
10ª   >>   -   >>   **Em9** 52

D(-9)
4ª casa - Posição Base **B♭(-9)** 46
10ª   >>   -   >>   **E(-9)** 47

D9+
4ª casa - Posição Base **E9+** 54
10ª   >>   -   >>   **E9+** 54

Dm11
3ª casa - Posição Base **Bm11** 55
8ª   >>   -   >>   **G♭m11** 55

D11+
4ª casa - Posição Base **B♭11+** 55
9ª   >>   -   >>   **F11+** 56

D13
5ª casa - Posição Base **A13** 56
10ª   >>   -   >>   **E13** 56

E♭
3ª e 6ª casa 27
8ª casa - Posição Base **G** 38

E♭º
..................48
10ª casa - Posição Base **Fº** 49
11ª >> - >> **Eº** 48

E♭m
6ª e 11ª casa 22

E♭m6
3ª casa - Posição Base **Cm6** 52
6ª >> - >> **Am6** 53
10ª >> - >> **Fm6** 53

E♭m7
6ª casa - Posição Base **Am7** 51
11ª >> - >> **Em7** 51

E♭7
..................38
4ª, 6ª e 11ª casa 20
8ª casa - Posição Base **G7** 38

E♭7M
..................50
3ª casa - Posição Base **C7M** 49
6ª >> - >> **A7M** 51
11ª >> - >> **E7M** 50

E♭($^{7}_{+5}$)
..................50
6ª casa - Posição Base **A**($^{7}_{+5}$) 48
11ª >> - >> **E**($^{7}_{+5}$) 47

E♭($^{9}_{+5}$)
4ª casa - Posição Base **C**($^{9}_{+5}$) 53

E♭9
..................45
5ª casa - Posição Base **B9** 45

E♭m9
4ª casa - Posição Base **Bm9** 52
11ª >> - >> **Em9** 52

E♭(-9)
5ª casa - Posição Base **B♭(-9)** 46
11ª >> - >> **E(-9)** 47

E♭9+
5ª casa - Posição Base **B♭9+** 54

E♭m11
4ª casa - Posição Base **Bm11** 55
9ª >> - >> **G♭m11** 55

E♭11+
5ª casa - Posição Base **B♭11+** 55
10ª >> - >> **F11+** 56

E♭13
6ª casa - Posição Base **A13** 56
11ª >> - >> **E13** 56

E
4ª e 7ª casa 17
2ª casa 40
9ª casa - Posição Base **G** 38

Eº
..................48
2ª casa 48
11ª casa - Posição Base **Fº** 49

Em
2ª e 7ª casa 12

Em6
4ª casa - Posição Base **Cm6** 52
7ª >> - >> **Am6** 53
11ª >> - >> **Fm6** 53

Em7
..................51
7ª casa - Posição Base **Am7** 51

E7
5ª e 7ª casa 11
2ª casa - Posição Base **D7** 38

E7M
..................50
2ª casa 50
4ª casa - Posição Base **C7M** 49
7ª >> - >> **A7M** 51

E($^{7}_{+5}$)
2ª casa 47
7ª casa - Posição Base **A**($^{7}_{+5}$) 48

E($^{9}_{+5}$)
..................54
5ª casa - Posição Base **C**($^{9}_{+5}$) 53

E9
..................46
6ª casa - Posição Base **B9** 45

Em9
..................52
5ª casa - Posição Base **Bm9** 52

E(-9)
..................47
6ª casa - Posição Base **B♭(-9)** 46

E9+
..................54
6ª casa - Posição Base **B♭9+** 54

Em11
5ª casa - Posição Base **Bm11** 55
10ª casa - >> **G♭m11** 55

E11+
6ª casa - Posição Base **B♭11+** 55
11ª casa - >> **F11+** 56

E13
..................56
7ª casa - Posição Base **A13** 56

F
5ª e 8ª casa 31
3ª casa - Posição Base **D** 40

F°
....48
3ª casa - Posição Base **D°** 48

Fm
3ª e 8ª casa 26

Fm6
....53
5ª casa - Posição Base **Cm6**......................52
8ª >> - >>   **Am6**.................53

Fm7
....51
8ª casa - Posição Base **Am7**......................51

F7
6ª e 8ª casa 26
3ª casa - Posição Base **D7** 38

F7M
....50
3ª casa - Posição Base **D7M** 50
5ª >> - >>   **C7M**.................49

F($^{7}_{+5}$)
....47
3ª casa - Posição Base **D($^{7}_{+5}$)**...................47
8ª >> - >>   **A($^{7}_{+5}$)**................48

F($^{9}_{+5}$)
....54
6ª casa - Posição Base **C($^{9}_{+5}$)**....................53

F9
....46
7ª casa - Posição Base **B9** 45

Fm9
....52
6ª casa - Posição Base **Bm9** 52

F(-9)
....47
7ª casa - Posição Base **B♭(-9)** 46

F9+
....54
7ª casa - Posição Base **B♭9+** 54

Fm11
6ª casa - Posição Base **Bm11** 55
11ª >> - >>   **G♭m11**..............55

F11+
....56
7ª casa - Posição Base **B♭11+** 55

F13
....56
8ª casa - Posição Base **A13** 56

G♭
6ª e 9ª casa 21
4ª casa - Posição Base **D** 40

G♭°
2ª casa 49
4ª casa - Posição Base **D°** 48

G♭m
2ª, 4ª e 9ª casa 16

G♭m6
....53
6ª casa - Posição Base **Cm6**......................52
9ª >> - >>   **Am6**................ 53

G♭m7
....51
9ª casa - Posição Base **Am7**......................51

G♭7
2ª, 7ª e 9ª casa 15
4ª casa - Posição Base **D7** 38

G♭7M
....50
4ª casa - Posição Base **D7M** 50
6ª >> - >>   **C7M** 49
9ª >> - >>   **A7M**.................50

G♭($^{7}_{+5}$)
....47
4ª casa - Posição Base **D($^{7}_{+5}$)**...................47
9ª >> - >>   **A($^{7}_{+5}$)**................48

G♭($^{9}_{+5}$)
....54
7ª casa - Posição Base **C($^{9}_{+5}$)**....................53

G♭9
....46
8ª casa - Posição Base **B9** 45

G♭m9
....52
7ª casa - Posição Base **Bm9** 52

G♭(-9)
....47
8ª casa - Posição Base **B♭(-9)** 46

G♭9+
....54
8ª casa - Posição Base **B♭9+** 54

G♭m11
....55
7ª casa - Posição Base **Bm11** 55

G♭11+
....56
8ª casa - Posição Base **B♭11+** 55

G♭13
....56
9ª casa - Posição Base **A13** 55

Segredo do Braço do Violão

G
3ª e 7ª casa 11
5ª casa - Posição Base **D** 40
10ª >> - >> **A** 41

G°
3ª casa - Posição Base **E°** 49
5ª >> - >> **D°** 48

Gm
5ª e 10ª casa 30

Gm6
2ª casa 53
7ª casa - Posição Base **Cm6** 52
10ª >> - >> **Am6** 53

Gm7
3ª casa - Posição Base **Em7** 51
10ª >> - >> **Am7** 51

G7
3ª e 8ª casa 9
5ª casa - Posição Base **D7** 38
10ª casa 29

G7M
3ª casa - Posição Base **E7M** 50
5ª >> - >> **D7M** 50
7ª >> - >> **C7M** 49
10ª >> - >> **A7M** 50

G($^7_{+5}$)
3ª casa - Posição Base **E($^7_{+5}$)** 47
5ª >> - >> **D($^7_{+5}$)** 47
10ª >> - >> **A($^7_{+5}$)** 48

G($^9_{+5}$)
3ª casa - Posição Base **E($^9_{+5}$)** 54
8ª casa - >> **C($^9_{+5}$)** 53

G9
3ª casa - Posição Base **E9** 46
9ª >> - >> **B9** 45

Gm9
3ª casa - Posição Base **Em9** 52
8ª >> - >> **Bm9** 52

G(-9)
3ª casa - Posição Base **E(-9)** 47
9ª >> - >> **B♭(-9)** 46

G9+
3ª casa - Posição Base **E9+** 54
9ª >> - >> **B♭9+** 54

Gm11 55
8ª casa - Posição Base **Bm11** 55

G11+ 56
9ª casa - Posição Base **B♭11+** 55

G13
3ª casa - Posição Base **E13** 56
10ª >> - >> **A13** 56

A♭
4ª e 6ª casa 25

A♭°
3ª casa - Posição Base **F°** 49
4ª >> - >> **E°** 49
6ª >> - >> **D°** 48

A♭m
4ª, 6ª e 11ª casa 21

A♭m6
3ª casa - Posição Base **Fm6** 53
8ª >> - >> **Cm6** 52

A♭m7
4ª casa - Posição Base **Em7** 51

A♭7
4ª e 9ª casa 19
6ª casa - Posição Base **D7** 38

A♭7M
4ª casa - Posição Base **E7M** 50
6ª >> - >> **D7M** 50
8ª >> - >> **C7M** 49

A♭($^7_{+5}$)
4ª casa - Posição Base **E($^7_{+5}$)** 47
6ª >> - >> **D($^7_{+5}$)** 47

A♭($^9_{+5}$)
4ª casa - Posição Base **E($^9_{+5}$)** 54
9ª >> - >> **C($^9_{+5}$)** 53

A♭9
4ª casa - Posição Base **E9** 46
10ª >> - >> **B9** 45

A♭m9
4ª casa - Posição Base **Em9** 52
9ª >> - >> **Bm9** 52

A♭(-9)
4ª casa - Posição Base **E(-9)** 47
10ª >> - >> **B♭(-9)** 46

A♭9+
4ª casa - Posição Base **E9+** 54
10ª >> - >> **B♭9+** 54

A♭m11 55
9ª casa - Posição Base **Bm11** 55

A♭11+
3ª casa - Posição Base **F11+** 56
10ª >> - >> **B♭11+** 55

A♭13
4ª casa - Posição Base **E13** 56
11ª >> - >> **A13** 56

INDICE

3 A Palavra do Autor
5 Representação Gráfica
57 Índice dos Acordes

7 Acordes (1ª Parte)
9 Dó Maior
10 Lá Menor
11 Sol Maior
12 Mi Menor
13 Ré Maior
14 Si Menor
15 Lá Maior
16 Sol Bemol Menor
17 Mi Maior
18 Ré Bemol Menor
19 Si Maior
20 Lá Bemol Menor
21 Sol Bemol Maior
22 Mi Bemol Menor
23 Ré Bemol Maior
24 Si Bemol Menor
25 Lá Bemol Maior
26 Fá Menor
27 Mi Bemol Maior
28 Dó Menor
29 Si Bemol Maior
30 Sol Menor
31 Fá Maior
32 Ré Menor

33 Posições Base e suas Originadas (2ª Parte)
35 Gravuras
36 G7
37 Am - E7
38 G - D7
39 Em - B7
40 D - A7
41 Dm - A
42 E

43 Acordes Dissonantes (3ª Parte)
45 Acordes de Sétima e Nona
47 Acordes de Sétima e Quinta Aumentada
48 Acordes de Sétima Diminuta
49 Acordes de Sétima Maior
51 Acordes Menores com Sétima
52 Acordes Menores com Nona
Acordes Menores com Sexta
53 Acordes de Quinta Aumentada e Nona
54 Acordes de Nona Aumentada
55 Acordes Menores com Décima Primeira
Acordes Maiores com Décima Primeira Aumentada
56 Acordes Menores com Décima Terceira